なぜコンビニでお金をおろさない人はお金持ちになれないのか？

ダイヤモンド社

平野 薫
Kaoru Hirano

まえがき

世の中の「違和感」にフォーカスし、数字で考えるクセをつける

経営コンサルタントという仕事柄、ちょっとした小さな変化に気づく方だと思っています。それは、コンサル先の会社の変化だけではなく、たまに出社した際の物の配置や、同僚の髪形、ビルのテナントの変化など様々です。

お客様や同僚にも「よく気づきましたね」と驚かれることも多いのですが、何かに気づくという点で大切にしているのは、**自分の中で起きる「違和感」**です。

なぜこれはこうなのか？　以前はこうではなかったのでは？　という自分が「んっ？」と思ったり、「ピンときた」何かがあれば、自分の直感を信じてそこにフォーカスすることを大切にしているのです。

例えば、「最近唐揚げのお店が増えてきたな、どういうニーズがあってどれくらい増えているのだろう？」とか、「自動車学校が閉鎖しているけど、免許を取得する人は減っているのだろうか？　免許制度が変更になった影響は自動車学校の経営にどう影響しているのだろ

うか？」とか、「最近ペットボトルコーヒーが増えているけど、なぜ元々ペットボトルコーヒーは無かったのだろうか?」など、いろんなことが気になってしまいます。

そして**気になった内容は、いったん自分なりに仮説を立てます**。気になったことをすぐにネットで調べてもいいのですが、仮説を立てることでよりその内容についての意識が高まり記憶に定着します。また物事の因果関係を考えることで論理的な思考力も鍛えられます。

「普通のラーメンは大盛にすると追加でお金が取られるのに、なぜつけ麺の場合は大盛が無料なのだろう? ラーメンとつけ麺の違いは一体なんなのか?」などということを考えながら事実確認をします。

つけ麺はたいていどこのお店でも大盛が無料です。なぜ普通のラーメンは大盛にすると追加料金を取られるのに、つけ麺の大盛は無料なのか?

けっして普通のラーメンを提供している店主がせこくて、つけ麺を提供している店主が太っ腹というわけではありません。その理由を数字で考えると、つけ麺の秀逸《しゅういつ》な戦略が見えてくるのです。

このように、**①世の中の事象に違和感を持つ⇩②違和感にフォーカスする⇩③自分なりに仮説を立てる⇩④数字で根拠を分析し検証する⇩⑤人に話したりブログに書いてアウトプットする**、という一連のルーティンを日々継続して行うことが数字に強くなるコツです。

多くの場合、「違和感」で終わってしまうことに関心を持ちフォーカスすること、つまり**〝違和感を放置せずにフォーカス〟することが第一歩**になります。

経営コンサルタントの仕事をする中で、会社の財務やＫＰＩ、経済指標など数字にかかわる機会が非常に多いです。そのような中で、日々感じるのは数字に苦手意識をもっているビジネスパーソンが非常に多いということです。

数字をうまく使えないばっかりに誤った意思決定をしてしまったり、コミュニケーションの齟齬《そご》が起きたりする場面を数多く見てきました。数字にコンプレックスを持っている方は、会議で数字の話になると急に発言がトーンダウンして、いつもの勢いが無くなります。もし世の中の多くの方が数字に強くなれば、きっと会社の業績も改善し、コミュニケーションも円滑になり、更にはもっと自信を持って生きていくことができるはずなのです。

プライベートにおいても同じことが言えます。数字で物事を考えることで、「損をしない生き方」ができるようになります。

本書は、**世の中の身近な疑問を数字で解き明かしながら、気づきの力と数字で考える習慣を身につけるための入門書**です。

数字に強くなると、具体的に考えて伝える力がつき、会計や経済はもちろん、戦略やマーケティング、人事においても役に立ちます。またコミュニケーションの齟齬が減り、考えていることを的確に伝えられるようになります。仕事だけでなく、プライベートにおいても資産運用や時間の有効活用（タイムパフォーマンス）など、豊かな人生を送る上でとても役に立ちます。また目標も抽象的よりも具体的な方が達成確率は高まり、物事を成し遂げる力もつきます。そう、**「数字を制するものは人生を制する」**のです。

かつてある製造業の会社で全く新しい分野での新商品について議案が取り上げられました。その新製品はある特殊な産業機械で使用する治具で、その治具を使用することで作業効率も安全性も向上することが期待される商品でした。機械を使用する側からしてみるとあったらとてもありがたい治具なので、担当者も熱心に開発していました。しかし、開発には特殊な現場でのテストを行い、多額のコストが必要であることが分かりました。しかし、その場で様々な数字を質問し、その新商品の市場規模を算出したところ、開発費を回収するためには

10年以上かかることが分かったため、その場で却下されました。
倉庫業を営んでいる企業では、とある倉庫で赤字が続いていました。経営者は稼働率が低いことが原因と言っていましたが、よくよく数字を分析してみると現在のコスト構造では稼働率100%でも利益が出ないことが判明。そもそも地価の高いその地域で倉庫業を行うことに無理があったわけです。

ダイエットをしたいと思った時に「運動をする」という目標を立てたとします。しかしその「運動をする」という目標は非常に抽象的で幅広い内容をカバーします。通勤のために歩いたから今日は運動したことにしよう、週末に子供と公園に行って遊んだからこれで運動したことになるな、など都合の良い解釈をして自分を甘やかします。
そんな自分に都合の良い解釈で誤魔化さないように具体的に数字で目標設定をすべきです。例えば、「週に3回ジムに通って1時間トレーニングをする」「毎日3km走る」などです。さすがに自分に甘々な人でもこの目標を自分の都合で楽に解釈するのはなかなか至難の業です。

ビジネスパーソンに限らず、これからの世の中で生きていく上で必須なスキルは3つあります。それは**①コミュニケーションスキル**、**②ITスキル**、そして**③数字スキル**です。①のコミュニケーションスキルと②のITスキルは多くの方が必要性を実感されていますが、③の数字スキルはそれに負けるとも劣らないほど重要なのです。

私は現在、小宮コンサルタンツという経営コンサルティングの会社で、コンサルタントチームリーダー、エグゼクティブコンサルタントを務め、定期的に15社の企業の経営会議に参加し業績数字のチェックも行っています。数字の羅列の中から変数を見出し、会社の問題点や予期せぬ成功を発見し、経営のアドバイスを実施しています。

これまで2000社の財務分析と5年間毎月100以上の経済指標をチェックしてきた数字オタクの経営コンサルタントです。

普段から経済や会計などの研修を実施していますが、数字に強くなるトレーニングとして新聞の見出しから中身を想像するトレーニングを紹介しています。例えば「○○（企業名）、過去最高益」という見出しがあったら、それはなぜなのか？　例えばコロナ禍が明け外出する人が増えたからその企業の商品・サービスの需要が増えたとか、為替の影響とか、原材料費が下落したとか、様々な可能性が考えられます。答えは紙面の中に書いてあるので仮説の検証が可能です。

タイトルを読み、なぜそうなのかを想像してから読む

本書ではこのあと、世の中のふとした疑問を数字で考えるエピソードをふんだんに紹介します。

読むだけで数字で考えることの面白さを感じていただけますし、数字に関する感度が上がることは間違いありません。しかし、更に数字で考える力を高めるために是非、読む前に自分なりになぜそうなのかを考えてみてください。前述した「気になったことの仮説を立て、仮説を検証する」というトレーニングになります。

本書の構成についても、少し説明しておきたいと思います。

第1章では、「なぜ駅前の古びた靴屋さんはお客さんが来ないのに営業を続けられるのか?」など、街中で気になったことを数字で分析していきます。

第2章では、「なぜ新幹線の駅は片側だけ発展しているのか?」など、観光ビジネスの謎を数字で考えていきます。

第3章では、「なぜ圧倒的な実力を持つ競走馬は勝てるレースがあっても、若くして引退させるのか?」など、スポーツ業界の謎を数字で考えていきます。

第4章では、「なぜビットコインが高騰すると地球温暖化が加速するのか?」など世の中の変化を数字で考えていきます。

第5章では、「なぜつけ麺は大盛無料でも儲かるのか?」など、会社の儲けの仕組みを数字で考えていきます。

第6章では、「なぜコンビニでお金をおろさない人はお金持ちになれないのか?」など人の行動特性を数字で考えていきます。

第7章では、「なぜ少子化なのに塾が増えているのか?」など社会の疑問を数字で考えていきます。

数字で物事を考える習慣が身に付き、数字に強くなり、読んでいただいた方の人生がより豊かになればと思って、本書を執筆することにいたしました。

本書をきっかけに、ひとりでも多くの読者の方に数字で考える習慣が身につき、「あいつは数字に強い」という称号を手に入れることができたら、著者としてこれ以上の喜びはありません。

2023年12月　平野 薫

なぜコンビニでお金をおろさない人はお金持ちになれないのか？　目次

第1章 なぜ駅前の古びた靴屋さんはお客さんが来ないのに営業を続けられるのか？

街中で気になることを数字で考える

第2章

なぜ新幹線の駅は片側だけ発展しているのか？

観光ビジネスの謎を数字で考える

第3章

なぜ圧倒的な実力を持つ競走馬は勝てるレースがあっても、若くして引退させるのか？

スポーツ業界の謎を数字で考える

第4章

なぜビットコインが高騰すると地球温暖化が加速するのか？

世の中の変化を数字で考える

第5章

なぜつけ麺は大盛無料でも儲かるのか？

会社の儲けの仕組みを数字で考える

第6章 なぜコンビニでお金をおろさない人はお金持ちになれないのか？

人の行動特性を数字で考える

第7章 なぜ少子化なのに塾が増えているのか？

社会の疑問を数字で考える

第1章

なぜ駅前の古びた靴屋さんはお客さんが来ないのに営業を続けられるのか?

街中で気になることを数字で考える

なぜセブンカフェのラージサイズはホットよりもアイスの方が高いのか？

レギュラーはホットもアイスも同じ価格なのにラージはアイスの方が30円高い

セブンカフェは2013年に発売を開始して以来、香り高いレギュラーコーヒーが缶コーヒーよりコスパが良いことが話題になり、多い年には年間10億杯を超えるメガヒット商品となっています。1杯100円としても1000億円の売上になり、単品商品としては驚異的な数字です。また日本の人口を1・2億人として考えると日本人一人当たり年間で8・3杯も飲んでいる計算になります。小さな子供や高齢者の購入頻度が低いことを考えると、コアターゲットのビジネスパーソンの購入頻度はその数倍になると思われます。発売から10年でいかに生活に浸透しているか分かります。

セブンカフェ発売当初、4種類の商品がラインナップされ、左記のような価格で販売されていました。

これを見て、まず感じたのは**なぜラージサイズはホットよりもアイスの方が高いのだろ**

●セブンカフェの価格

	ホット	アイス
レギュラー	100円 （現在110円）	100円 （現在110円）
ラージ	150円 （現在180円）	180円 （現在210円）

価格差の理由は
アイスコーヒーのカップ形態にある

う？　ということです。マクドナルドでもドトールコーヒーでもサイズが同じであれば価格は一緒です。同じサイズ＝同じ価格という固定観念があったからこそ、この価格差に強く反応しました。

実はアイスの方が原価が高い

違和感を抱きながら、セブンカフェの購入手順を一通り確認したところで価格差の理由が理解できました。価格差の理由はアイスコーヒーのカップの形態にあります。ホットの場合は普通の紙コップなので重ねてバックヤードに入れておけばいいのですが、アイスは氷がカップに入った状態で冷凍ケースに保管されているため、冷凍庫での保管費用や冷凍物流の費用も掛かります。その分コストが高くなるので価格も割高になっているわけです。

では、なぜレギュラーは同じ価格なのか？　それは**ホットもアイスも100円というインパクトのある価格を訴求するために政策的に価格を合わせた**のでしょう。前述のようにセブンカフェは年間10億杯以上を売り上げるメガヒット商品となり、コーヒー目当てで来店するお客さんも多く、結果的に他のついで買いも増えているはずです。ついで買いで他の商品の販売が増えればレギュラーのアイスコーヒーがあまり儲からなくても問題ないという考えでしょう。

ローソンはラージでも同じ価格の理由

ちなみに**競合のローソンは発売当初各サイズ、ホットもアイスも同じ価格**でした（現在はMサイズのみホットとアイスの価格差がありますが、Sサイズ、メガサイズは同じ価格です）。

これはなぜかというと、**ローソンのアイスコーヒーは、オーダーを受けてから店員がカップに氷を入れるシステムだから**です。これなら冷凍保管の費用も冷凍物流の費用も発生しません。

なぜセブン-イレブンとローソンで異なる方式なのか、その理由は**一日当たりの売上（平均日販）の差**にあると考えられます。セブン-イレブンの平均日販は約65万円、ローソンは

セブンカフェのコーヒー
(発売当初の価格)
ホット
アイス
100円
レギュラー
100円
150円
ラージ
180円
価格がちがうのはナゼ!?
カップの形態がちがうから!
〈ホット〉保管は常温でOKなうえ、重ねて省スペース
〈アイス〉氷が入っているので、冷凍で輸送・保存
コストがかかる
じゃあどうしてレギュラーはホットもアイスも同じ「100円」なの?
100円という
インパクトのある価格を訴求して集客するため!!
ローソンでは…
オーダーを受けてから店員がカップに氷を入れる
ホット/アイスどちらも各サイズで値段は同じ
セブンは、オペレーションの負担を減らして、回転を上げるという戦略約50万円です。客単価はそれほど変わらないと仮定すると、セブン-イレブンの方がローソンより客数が3割多いことになります。客数が多ければ、レジ業務は忙しく、レジ待ちが発生する頻度も高くなります。そこで、**レジのオペレーションの負担を減らして回転を上げるために、セブン-イレブンはコストが上がっても現在の方式を採用していると考えられる**のです。

コストのことを考えるとローソンのシステムにメリットがありますが、昨今の人手不足とオペレーション工数の削減、レジの無人化を考えるとローソンのシステムが今後継続されるかどうかは疑問が残るところですね。

なぜ駅前の古びた靴屋さんはお客さんが来ないのに営業を続けられるのか？

お客さんのいない駅前の古びた靴屋さんが生き残っている理由

一等地の駅前にある古びた靴屋さんを見かけたことはありませんでしょうか？　靴屋さんに限らず、昔ながらの衣料を扱っている洋服屋さん、宝石屋さんなど、ほとんどお客さんが来ていないのに長年一等地に所在している小売店を見かけます。

持ち家で従業員は家族だけだとすると、運営コストはそれほど掛かっていないと思われますが、店主一家の生活を支えるほどの収入があるとは思えません。ほとんどお客さんが来ないのになぜこのようなお店は営業を続けられるのでしょうか？

駅前に残り続けているということは、本業以外で収入があるはず

一つは、**収入の柱は別にある可能性が高い**ということです。現在のようにチェーン展開する専門店やショッピングセンターが少なかった時代は、個人が運営する小売店で買い物をす

るのが一般的でした。当時稼いだお金をうまく運用して本業以外の資産運用が収入の柱になっていることがあります。埃を被った在庫の奥には株価チャートが映し出された複数のモニターが並んでいるということもありえます。また駅前の一等地という資産価値が高い土地を担保に借入をしてアパート経営をしているということもあるでしょう。私の家の近所に昔ながらの米屋さんがあります。現在の米関連収入は精米所運営くらいですが、かつての倉庫跡地に大きなアパートを構え、毎日優雅に犬の散歩をしています。ある植木屋さんは、植木事業は小規模ですが、かつて植木を栽培していた土地を老人介護施設に貸していて月百数十万円の収入があるということです。

このようにお客さんがほとんど来なくても、他のルートで十分な生活費を確保しており、本業での収入がなくてもやっていけるケースが多いです。ちなみにかつての蓄積や事業用の土地を活用した資産形成が十分にできなかった方は、だいたい駅前の土地を売却し、別な仕事をしているケースが多く、ずっと駅前の一等地で儲からない小売店をしている方は他の収入があると思って間違いありません。

お店を続けているのは相続税対策？

もう一つ、儲からなくてもお店を続ける理由があります。それは相続税対策です。一定の要件を満たす「店舗併用住宅」の敷地については「小規模宅地等の特例」という制度が活用でき、土地の相続において最大80％の節税が可能です。平成27年からは、遺産の基礎控除額が引き下げられ、実質的に相続税の増税が行われました。そのため富裕層はいかに相続税を減らすかに四苦八苦しています。資産形成に成功した店主の場合、資産総額はそれなりに増えており、何といっても一等地にあるお店の土地の評価額が数十年の間に高騰しているため、多額の相続税を支払う必要があります。

国税庁の資料を見ると、課税価格の合計が2億円、配偶者と子供が2人の場合、3人合計で2700万円の相続税が発生します。しかしその遺産が「店舗併用住宅」であれば、評価額が2億円×0・2＝4000万円となり、基礎控除の範囲に収まります。相続税申告書を提出する必要はあるものの、本来2700万円発生するはずの相続税は発生しません。

このような相続税の観点からお客さんが全く来なくても営業をする意味があるわけです。

現在では、前述のように昔から営業を続けている古びた小売店だけでなく、最初から相続税の節税を意識した建設やリノベーションも増えています。富裕層は上がっていく税率に対して、様々工夫をして節税をしているわけです。

ほとんどお客さんが来ていないのに
長年 一等地に所在している小売店…
エキマエ靴店
販売
修理
本業以外で収入がある
ほこりをかぶった
在庫のウラで
実は資産運用
米屋さん、現在は
小さな精米所＋
倉庫の跡地に
大きなアパート
植木屋さん、
かつての栽培地を
介護施設に貸し
月収 百数十万
逆にいえば、かつての蓄積や土地を活用した
資産形成が十分にできなかった人は、店や
土地を売却し別の仕事をしている可能性が高い
相続税対策になる
一定の要件を満たす
「店舗併用住宅」
「小規模宅地等の特例」
が利用可能！
土地の相続において
最大80%の節税に
例えば…
2億円の土地
↓3人で相続
配偶者
子
子
通常なら
2700万円の相続税
店舗併用住宅なら
土地の評価額が
2億×0.2＝4000万円に。
基礎控除内で
相続税はかからない！
（※申告書の提出は必要）

なぜガソリン価格は地域によって価格差があるのか？

ガソリン価格は地域によってリッター16円以上差がある

仕事柄、日本全国様々な場所に行く機会があります。コロナ禍で一時的に出張は減ったものの現在ではコロナ前と変わらず出張をする生活に戻っており、現在は飛行機と新幹線の合計利用回数は年間１２０回以上となっています。

そのように全国を周遊する中で、あることに気づきました。それは何かというと、**ガソリン価格は地域によってだいぶ差がある**ということです。ガソリンの店頭価格は店舗ごとに差がありますし、フルサービスよりもセルフのスタンドの方が安いです。また会員割引などで更にお得に給油できることもあります。しかし、**店舗ごとやサービスの差以上に大きな価格差が地域によってあります。**出張しながら意識して確認すると地域によって10円以上価格差がありました。

どの地域が高くてどの地域が安いのか？　gogo.gsという、全国のガソリン価格やガソリ

●都道府県別レギュラーガソリン価格ランキング(円/L) ※全国平均177.2円/L

順位	都道府県	平均価格	全国平均差
1位	和歌山県	169.0円	-8.2円
2位	北海道	170.2円	-7.0円
3位	千葉県	171.5円	-5.7円
4位	愛知県	172.1円	-5.1円
5位	奈良県	173.6円	-3.6円
43位	長崎県	181.5円	-4.3円
44位	福島県	182.3円	-5.1円
45位	長野県	183.0円	-5.8円
46位	大分県	183.7円	-6.5円
47位	高知県	185.7円	-8.5円

※gogo.gs「都道府県平均ガソリンランキング」(2023年9月25日時点)を基に作成
https://gogo.gs/ranking/average/

製油所や油槽所から
遠いエリアなど
仕入価格は高くなり
店頭価格も上がります

ンスタンドのサービス情報を共有する、ガソリンスタンド情報共有サイトがあったので調べてみました。

このように**１位の和歌山県と47位の高知県では16・７円も差があります。約１割も高い**わけですね。昨今は原油と円安の影響でガソリンの店頭価格が高くなりましたが、〝ついにリッター１７０円を突破！〟のような記事は高知県民からすると、そんなに安く買えるならまだマシという気持ちなのかもしれません。

ガソリン価格変動要因は輸送費

さて、それではなぜ地域によってこんなにガソリン価格に差が出るのでしょう？　要因は**輸送費の違い**のようです。ガソリンスタンドへのガソリンの輸送は**製油所から直接輸送されるケースと、油槽所という二次基地を経由して輸送される２つのケース**があります。輸送費は当たり前ですが、距離が長いほど高くなります。そのため**製油所や油槽所から遠いエリアほど仕入価格は高くなり店頭価格も上がる**ということです。上位５県の中で和歌山県、北海道、千葉県、愛知県には大きな製油所があるため、店頭価格も低く抑えられていると考えられます。

しかし和歌山県は２０２３年10月にＥＮＥＯＳ和歌山製油所が閉鎖され、今後ガソリンの店頭価格にも影響が出るかもしれません。下位５県は製油所からの距離も遠く、山間部や離島が多いエリアなので輸送費が高いエリアが多く、店頭価格の高さに影響していると思われます。

なお輸送費で言えば一番高そうなのは、沖縄県です。最南端の製油所は九州の大分県にあるため長距離輸送を余儀なくされる上に離島も多いので、全般的にガソリン価格も高そうです。しかし、予想に反して沖縄県は29位と全国平均より若干高い程度です。実は**沖縄県では返還される際に定められた「沖縄復帰特別措置法」により『揮発油税』が軽減されているため、他の地域に比べるとリッター7円ほどガソリンが安くなっています。**

地域の中での最高値はサービスエリア

なお**地域以外の要因でガソリンが高いなと感じるのは高速道路のサービスエリア**です。同じ地域の他のスタンドと比べて10~20円も高い価格になっています。皆さんの中でも高速走行時にどうしても給油せざるを得ない状況に陥り、苦汁の決断で高い価格で給油した経験がおありの方も多いでしょう。

サービスエリアのガソリン価格が高い理由として、ＮＥＸＣＯの見解としては、24時間営業のため人件費が高くなる、車検やメンテナンスなど給油以外の収入が無いのでガソリンで利益をあげないといけないなど、もっともらしい理由を挙げていますが、一番大きな理由は競争が無いことでしょう。駅弁の販売と一緒で、競争が発生せず他に選択肢がない場合は多少割高でも購入するものです。

近年は燃費の向上もありガソリンスタンドの閉鎖が相次いでいます。

NEXCOとしては高速道路のガソリンスタンド空白地帯を発生させたくないので、サービスエリアのガソリン価格に対してはあまり強く言えないという側面があるのかもしれませんね。

なぜ花屋さんは廃棄覚悟で品揃えを充実させるのか？

花屋さんは仕入れた花の3～4割を廃棄している

駅の改札を出ると花屋さんが色とりどりの花を並べており、都会の喧騒の中でひと時の癒やしを与えてくれます。それほど花に造詣が深くない私でも季節に応じて変化する花を眺めていると、たまには妻に花でも買って帰ろうかと豊かな心が芽生えます。

しかし、そんな美しいものにうっとりする間もなく考えてしまうのは、花屋さんの経営状況です。実もの、葉もの、枝もの、球根類を除けば花屋さんで売っている花は短命です。**しっかり前処理をし、低温輸送して管理しても切り花の寿命は10日程度。**産地から市場経由で花屋さんに入るのに1日、鮮度や商品価値を保つための水揚げ作業をして店頭に並ぶまでが1日とすると、**店頭に並んだ時点で残った寿命は8日程度。**更にお客さんが花を買ってすぐに萎《しお》れてしまっては花を楽しめないので、花屋さんとしては店頭に並べてから3～4日で販売する必要があります。売れ残った分は花束やブーケとして販売することもありますが、大部分は廃棄されます。花屋さんの廃棄は仕入の3〜4割にもなり、フードロスならぬフラワーロスといわれ、SDGsの視点からも問題になるほどの量となっています。

店頭の品揃えが売れ行きを左右する

それにしても、花屋さんはどうしてそれほどの廃棄を覚悟で大量に仕入をするのでしょうか？

その理由は2つあります。1つは、品揃えが売れ行きに影響を及ぼすからです。大抵の場合、花を買いに行く際には花屋さんの店頭にある在庫から商品を選びそのまま持ち帰ります。当然ですが、店頭の品揃えが豊富な方が選択肢も増えるためお客さんに購入してもらえる可能性が高まります。また花屋さんの品揃えの良さは集客という観点でも重要です。在庫が少なく、種類も少ない貧相な花屋さんを見ても購買意欲は高まりませんし、足を止めることもありません。一方で色とりどりの花が並んでいる花屋さんの前ではお客さんとしても足を止める可能性が高く、ちょっと花でも買っていこうかなという気になってくれます。花屋さんにとって、店頭の品揃えこそがショールームであり、プロモーションになっているわけです。

2つ廃棄が増えても1つ多く売れれば利益は増える

もう一つの理由は花の原価が安いため、多少のロスが出てもその分、数が売れれば利益が増えるからです。**花屋さんの原価は販売単価の30～40%**とかなり低く抑えられています。この原価率の低さが、多少のロスが出てもやっていける理由です。具体的に数字で考えてみます。

売上高－売上原価＝売上総利益になりますが、売上原価は元々あった在庫に仕入れた在庫を加えて、残った在庫を差し引くことで算出できます。花屋さんのように日常的に廃棄が出る業種の場合、売上原価には販売した分の在庫だけでなく

●売上原価の構造

期首商品棚卸高	100	売上原価(販売分)600 (廃棄損)400	1000
当期商品仕入高	1000	期末商品棚卸高	100

売上原価＝期首商品棚卸高＋当期商品仕入高－期末商品棚卸高

●原価率30%の場合(花屋さん)

売上高	2000	原価率30%の設定をした際に売却できた分の売上(600÷0.3)
売上原価	1000	販売した分の原価(600)＋廃棄した分の原価(400)
売上総利益	1000	⇒40%が廃棄になっても十分利益が残る

●原価率80%の場合(卸売業など)

売上高	750	原価率80%の設定をした際に売却できた分の売上(600÷0.8)
売上原価	1000	販売した分の原価(600)＋廃棄した分の原価(400)
売上総利益	-250	⇒40%が廃棄だと赤字になる

廃棄した分の在庫も含まれます。仕入れた商品の6割が販売され、4割が廃棄されると仮定します。

一般的に仕入れた商品の4割も廃棄したら商売が成り立たないのでは？　と思われるかもしれませんが、原価率が30％であれば廃棄損を含めても十分に利益が出ます。これが一般的な卸売業のような原価率80％程度のビジネスモデルであれば、大赤字です（32ページの図表）。

原価率30％で設定すれば、2つ廃棄が増えても1つ多く売れれば利益は増加します。まさしく損して得取れの世界ですね（下記の図表）。

このように花屋さんは、品揃えを良くすることで売上を上げることができること、そして多少の廃棄が出てもその廃棄損をペイできるだけの高い利益率があるからこそ、廃棄覚悟で品揃えを充実させるわけです。**廃棄損失よりも売れなかった際の機会損失の方が利益に及ぼす影響が大きいビジネスモデル**といえますね。

●5つ仕入れて3つ売れ、2つ廃棄（仕入単価30円・販売単価100円、原価率30％の場合）

売上高	300	販売単価100円×3
売上原価	150	3つ販売した分の原価90円＋2つ廃棄した分の原価60円
売上総利益	150	

●8つ仕入れて4つ売れ、4つ廃棄（仕入単価30円・販売単価100円、原価率30％の場合）

売上高	400	販売単価100円×4
売上原価	240	4つ販売した分の原価120円＋4つ廃棄した分の原価120円
売上総利益	160	⇒2つ廃棄が増えても1つ多く売れれば利益は増加する！

●花屋さんの原価は販売単価の30〜40%

なぜビールメーカーはノンアルコール飲料に力を入れるのか？

“お酒を飲めるけど飲まないソバキュリアンが増加”

近年、若者のアルコール離れが進んでいます。飲めるけどあえて飲まない「ソバーキュリアス」という生き方が注目され、ソバーキュリアスを実践する人を「ソバキュリアン」と呼びます。自分が若い頃と比べて居酒屋でベロベロに酔っぱらっている若者や繁華街の路上で飲み過ぎて動けなくなっている若者を見かけることも減った気がします。若者がそもそもお酒を飲まなくなってきたことに加え、人口減少や少子高齢化もあり、将来的に国内のアルコール市場が縮小するのは間違いありません。国内ビールメーカーの戦略を見ても、キリンビールのキリンホールディングスは医薬品や健康食品などのヘルスサイエンス事業に力を入れるなど多角化を進めており、アサヒビールのアサヒグループホールディングスは海外のビール会社を相次いで買収するなどしていることからも、いかに国内のアルコール市場に危機感を持っているかが分かります。

そんな中、**国内市場においてメーカーが力を入れているのがノンアルコール飲料です。**最近はコンビニでもスーパーでもノンアルコールビールやノンアルコールチューハイなどの売り場がどんどん広がっています。飲酒運転に対する厳罰化や世の中の健康志向もありノンアルコール飲料のニーズが高まってきています。更にはコロナ禍に飲食店でアルコールの提供が禁止になった際に認知が広がったこともあり、市場は拡大傾向にあります。

“ノンアルコールビールの利益率はプレミアムビール以上！”

ノンアルコールビールの店頭価格を見ると他のビール系飲料と比べて安いため、

●ノンアルコール飲料市場の推移（2009～2022年）（1ケース＝350ml×24本）

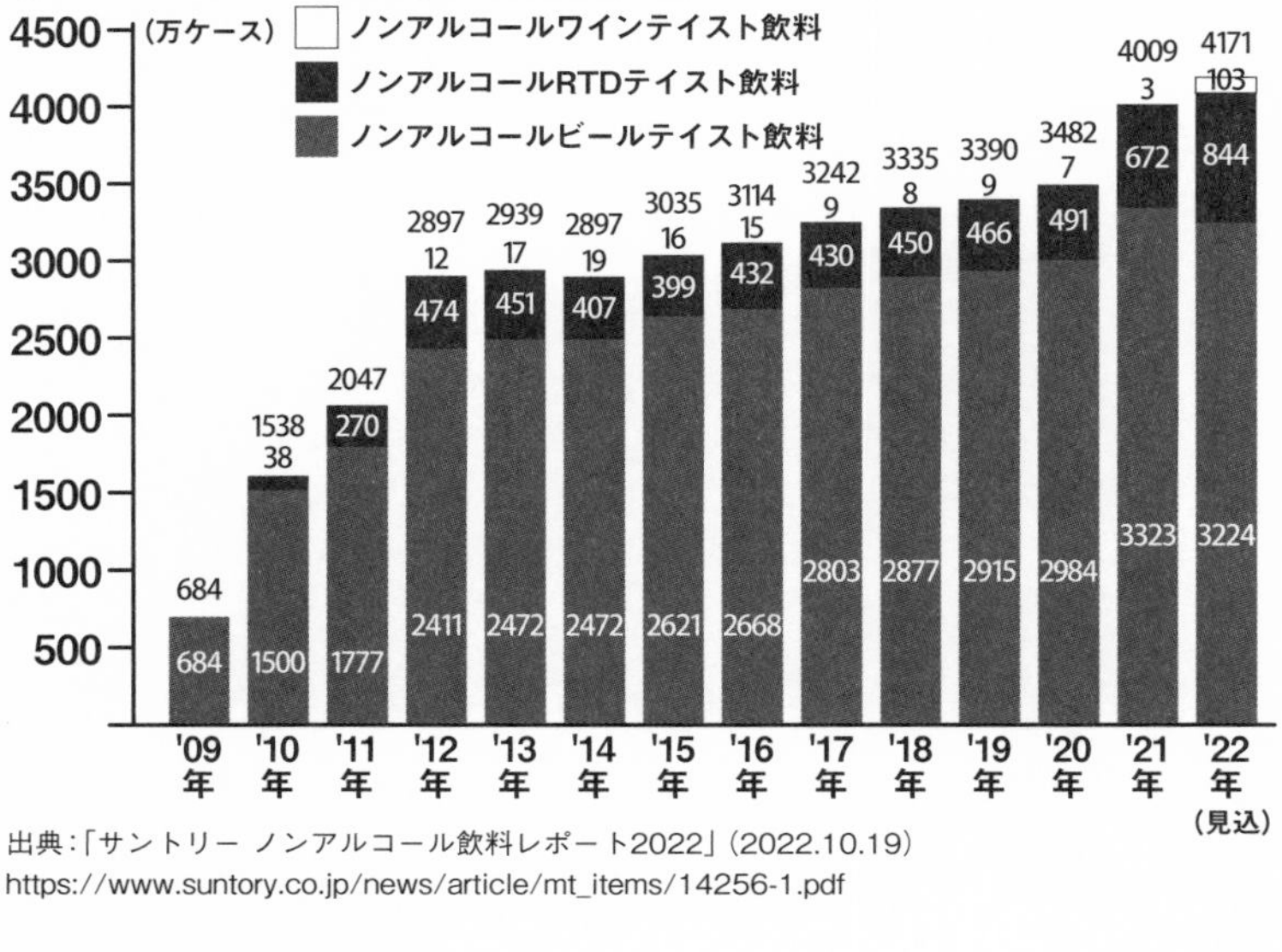

出典：「サントリー ノンアルコール飲料レポート2022」（2022.10.19）
https://www.suntory.co.jp/news/article/mt_items/14256-1.pdf

メーカーとしてもノンアルコールビールへのシフトは大変だなと思われるかもしれません。しかし、実はそうでもないのです。どういうことかというと、実は**ノンアルコールビールはプレミアムビールに負けないほど儲かる商品**なのです。

店頭での販売価格が安いのになぜ儲かるの？　と不思議に思われるかもしれません。原材料費にそこまで差があるかというとそうでもありません。コスト全体に占める原材料費は実はそれほど大きくなく、プレミアムビールとノンアルコールビールのコスト差は数円というところでしょう。

それではなぜノンアルコールビールは店頭価格が安いのに儲かるのか？　それは**酒税が掛かっていないから**です。38ページの表を見ていただくと分かるように、**３５０㎖のビールには63・35円／本、発泡酒や新ジャンルのビール系飲料にも46・99円の酒税が掛かっており（２０２３年10月に改正）、その分が価格に上乗せされています。**実際にどの程度の利益がメーカーに残るのか分かりやすくするため、店頭価格から卸や小売りの中間流通マージンとメーカーの内部で掛かるコスト、そして酒税を差し引いて考えます。本社経費や設備の償却費、個別のプロモーション費用など固定費も含めて考えると複雑になるので、ここでは売上に比例して増加するコストである変動費のみで考えます。麦やホップなど飲料そのものに掛かる費用や缶などの容器に掛かる費用、更には物流費などが変動費に含まれます。なお**売上から**

変動費を差し引いたコストのことを限界利益といいます。

酒税を支払う前の利益で見るとノンアルコールビールは一番利益率が低いのですが、ノンアルコールビール以外のものはそこから酒税を支払わないといけません。酒税を支払った後の利益を見ているとノンアルコールビールは利益額でも利益率でもプレミアムビールを上回る数値になります。

このようにアルコール離れが進んでいることはビールメーカーにとって、将来的に非常に厳しいものではありますが、その分ノンアルコールビールが売れていけばそれなりには利益が確保できるということが分かります。

●ビール系飲料のコスト構造

商品名	コンビニ店頭価格（消費税抜き）［350㎖］	流通マージン（店頭価格の30%と設定）	粗利	メーカー変動費	メーカー酒税支払前限界利益	メーカー酒税支払前限界利益率	酒税	メーカー酒税支払後限界利益	メーカー酒税支払後限界利益率
プレミアムビール	241円	72円	169円	55円	114円	47.2%	63.35円	50円	20.9%
ビール	204円	61円	143円	54円	89円	43.5%	63.35円	25円	12.5%
発泡酒	173円	52円	121円	53円	68円	39.4%	46.99円	21円	12.2%
新ジャンル	168円	50円	118円	52円	66円	39.0%	46.99円	19円	11.1%
ノンアルコール	150円	45円	105円	51円	54円	36.0%	0円	54円	36.0%

※コンビニ店頭価格は2023年10月のセブン-イレブン店頭価格
※酒税は2023年10月改正後の税率
※変動費は、富国生命記事「市場拡大に期待がかかるノンアルコールビール」を基に作成
https://www.fukoku-life.co.jp/economy/upload/analyst_VOL227.pdf

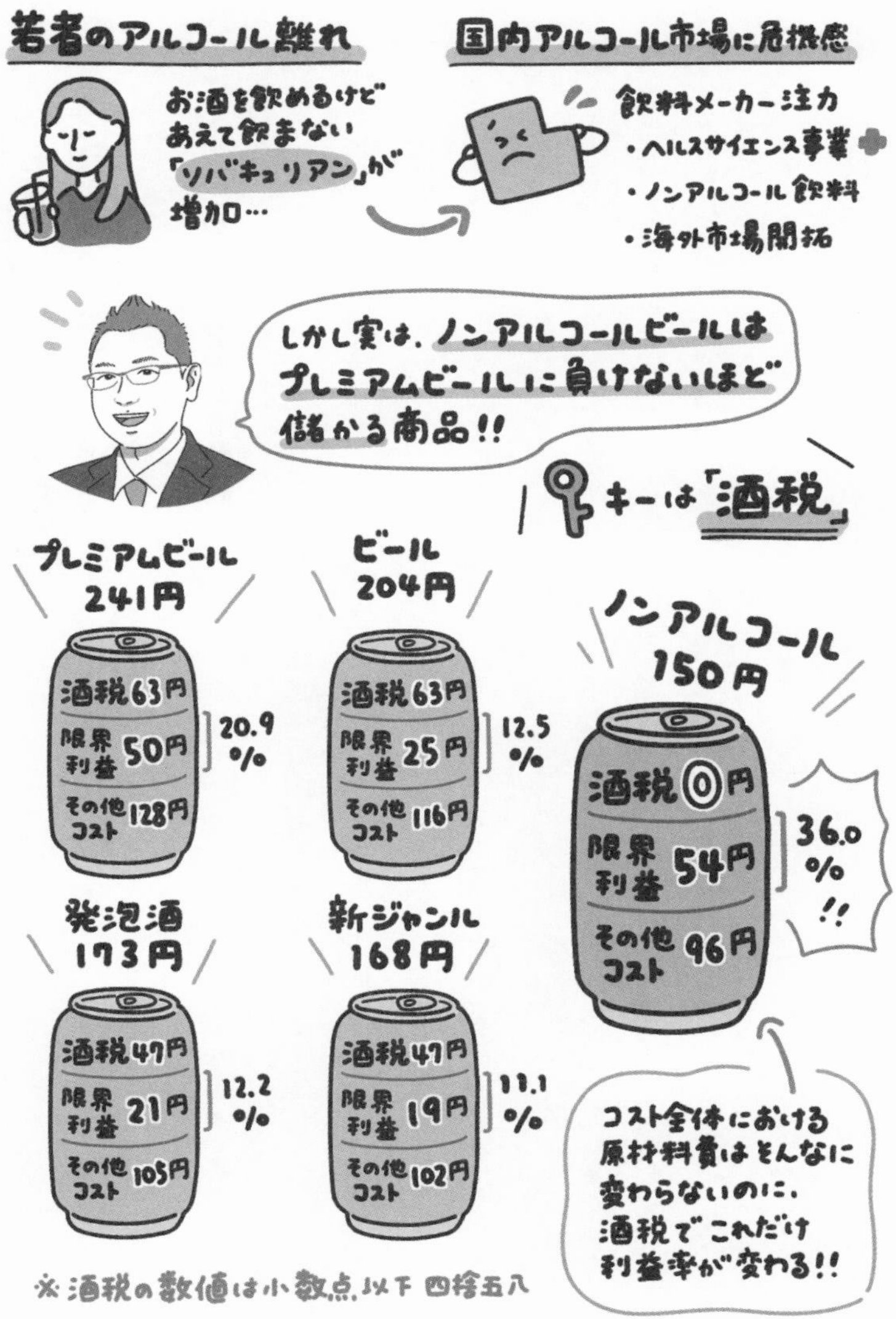
若者のアルコール離れ
お酒を飲めるけど
あえて飲まない
「ソバキュリアン」が
増加…
国内アルコール市場に危機感
飲料メーカー注力
・ヘルスサイエンス事業
・ノンアルコール飲料
・海外市場開拓
しかし実は、ノンアルコールビールは
プレミアムビールに負けないほど
儲かる商品!!
キーは「酒税」
プレミアムビール
241円
酒税63円
限界利益 50円
その他コスト 128円
20.9%
ビール
204円
酒税63円
限界利益 25円
その他コスト 116円
12.5%
ノンアルコール
150円
酒税0円
限界利益 54円
その他コスト 96円
36.0%!!
発泡酒
173円
酒税47円
限界利益 21円
その他コスト 105円
12.2%
新ジャンル
168円
酒税47円
限界利益 19円
その他コスト 102円
11.1%
コスト全体における
原材料費はそんなに
変わらないのに、
酒税でこれだけ
利益率が変わる!!
※酒税の数値は小数点以下四捨五入

なぜ食べ放題の店はあの価格でもやっていけるのか？

たくさん食べられても儲かる仕組み

最近街を歩いていて増えてきたと感じるのが食べ放題です。

さすがに40代も半ばに差し掛かると以前のように何が何でも元を取ろうという闘志はなくなりましたが、好きなものを好きなだけ食べられるというのはワクワクします。

我が家の子供にもフレンチや和食のコースよりも間違いなく食べ放題の方が人気です。


いくらでも食べていいとなるとやはり気になるのは経営状況です。あれだけ好きな物を好きなだけ食べられたらお店としても赤字になって、潰れてしまうんではないかと心配になる方もいるかもしれません。しかしご安心を！　しっかり儲かるからこそ、店舗が増えているのです！

なぜ食べ放題の店はあの価格でもやっていけるのか？

まず**食べ放題はそもそもの価格設定がそれなりに高い**です。焼肉業態のディナーであれば3000～4000円はします。更に飲み放題をつけると1500～2000円が加算されます。この価格設定は、単品で焼肉を好きな分だけ注文したと考えればお得かもしれません。しかしディナーで使う金額と考えれば実はそれなりの価格になります。お客さんからすると、たくさん食べる分、お得感はありますが、お店からすると多少たくさん食べられても価格設定がそれなりに高ければ控えめに単品を注文されるよりも実は儲かります。

下記は通常オーダーの場合と飲み放題の場合のお店側の利益比較になります。

●通常オーダーと飲み放題の利益比較

①〈通常オーダー〉 控えめに飲んだ場合（ビール2杯、酎ハイ1杯）

種類	販売単価	数量	金額	原価単価	数量	原価	利益
生ビール	500円	2杯	1000円	150円	2杯	300円	700円
酎ハイ	400円	1杯	400円	50円	1杯	50円	350円
合計		3杯	1400円		3杯	350円	1050円

②〈通常オーダー〉 思いっきり飲んだ場合（ビール4杯、酎ハイ2杯）

種類	販売単価	数量	金額	原価単価	数量	原価	利益
生ビール	500円	4杯	2000円	150円	4杯	600円	1400円
酎ハイ	400円	2杯	800円	50円	2杯	100円	700円
合計		6杯	2800円		6杯	700円	2100円

③〈飲み放題2000円〉 思いっきり飲んだ場合（ビール4杯、酎ハイ2杯）

種類	販売単価	数量	金額	原価単価	数量	原価	利益
生ビール		4杯		150円	4杯	600円	
酎ハイ		2杯		50円	2杯	100円	
合計		6杯	2000円		6杯	700円	1300円

生ビールの販売単価500円、原価単価150円。酎ハイの販売単価400円、原価単価50円で計算してみます。

通常オーダーの場合、金額のことを気にしながら飲むので若干控えめな数量になりがちです（①1400円）。しかし時には思いっきり飲みたい夜もあり、その場合通常オーダーだと結構な金額になります（②2800円）。お客さんからすると思いっきり飲みたい時は飲み放題の方がお得なので飲み放題をチョイスします。上記の場合、飲み放題にすることで②の2800円から③の2000円になるのでお得です。お店側の利益も②の通常オーダーで思いっきり飲んでもらった方が一番多くなります。

しかし、通常オーダーで控えめに飲んだ場合①と飲み放題で思いっきり飲んだ場合③では、実は③の方がお店としては多くの利益がたくさん残ります（①1050円、③1300円）。これと同じようにある程度の価格設定にしておけば、たくさん食べるお客さんがいたとしてもそれなりに儲かる仕組みになっています。

飲食店の食材原価は一般的に30％ほどといわれており、食べ放題の場合は沢山食べる人がいればその分原価は上がりますが、元々の単価を考えれば原価割れするようなことはほとんどありません。ご飯物やサイドメニューは驚くほど原価が低いものも多いので、実際は思っているほど原価は高くないのです。

食べ放題のお店はローコストオペレーションで人件費を抑制している

また食べ放題の業態は焼き肉やしゃぶしゃぶなど、お客さんがセルフで調理するメニューが多く、お店側の調理の手間がかかりません。またお客さんが自分でメニューを取りにいくビュッフェ形式の場合は、オーダーを受ける手間もなく、まとめて大量に調理するため同じく調理の手間が少なく済みます。そのため通常の飲食店と比べて店員の人数を抑えて人件費を抑制することが可能です。

ただ、食べ放題をする上で非常に重要なのが集客です。コストを抑える工夫をしていたとしてもやはり通常の飲食店よりは原価率が高くなりがちです。そのために、多くのお客さんに来店してもらう必要があります。小規模の個人店だとブランド力もなく広告宣伝費も掛けられないため、大手と比べて集客が難しいです。そのため、食べ放題を提供しているのは大手外食チェーンかそのフランチャイズ企業がほとんどです。また原価率が高い（利益率が低い）分、時間制限をつけ回転を上げる必要があります。

このようにお得な食べ放題を実現する上で、一定以上の価格、人数を抑えたローコストオペレーション、集客という様々な仕組みがあるわけですね。

●飲み放題で思い切り飲まれても控えめに飲む客より儲かる

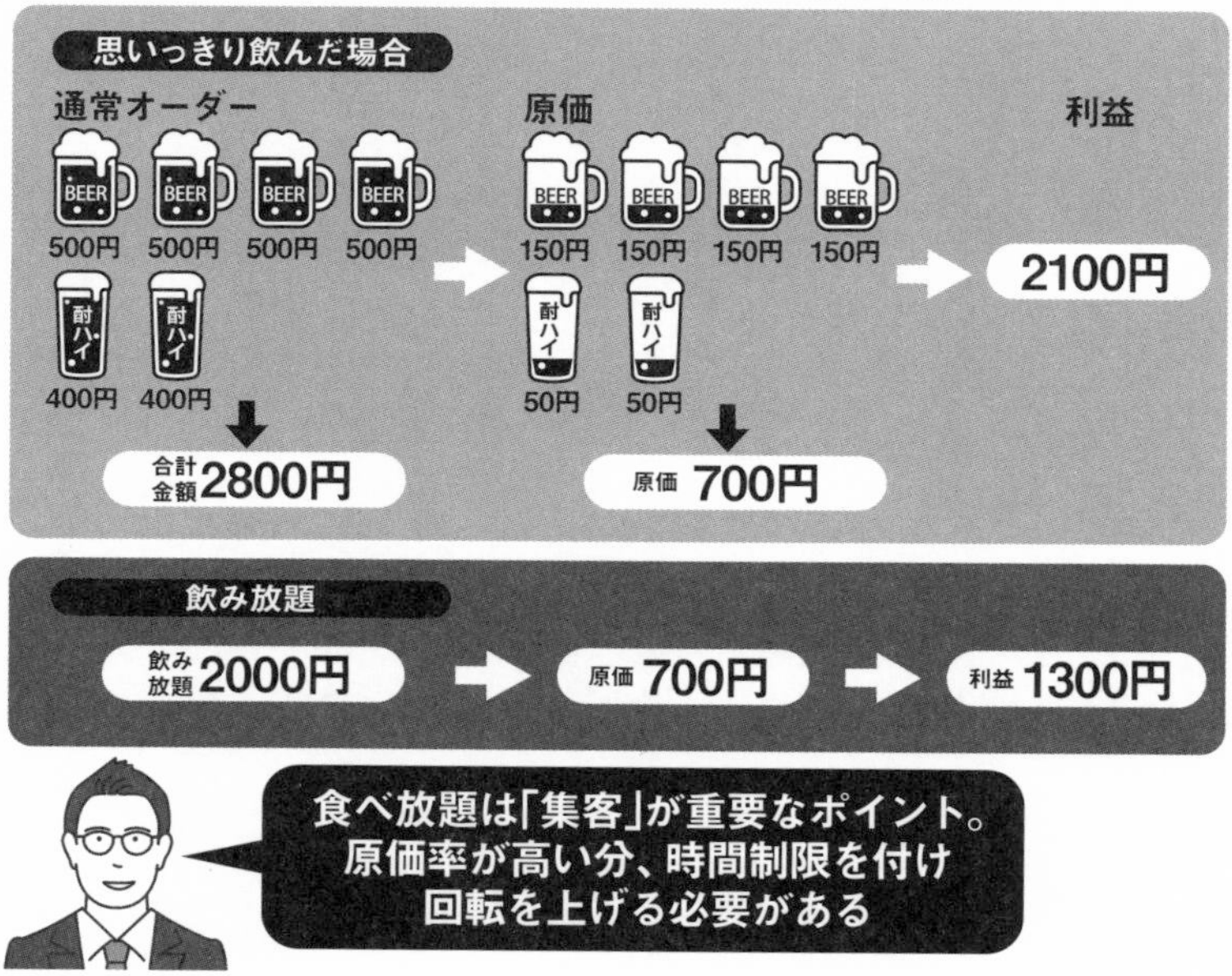

思いっきり飲んだ場合
通常オーダー
500円 500円 500円 500円
耐ハイ 耐ハイ
400円 400円
合計金額 2800円
原価
150円 150円 150円 150円
耐ハイ 耐ハイ
50円 50円
原価 700円
利益
2100円
飲み放題
飲み放題 2000円
原価 700円
利益 1300円
食べ放題は「集客」が重要なポイント。
原価率が高い分、時間制限を付け
回転を上げる必要がある

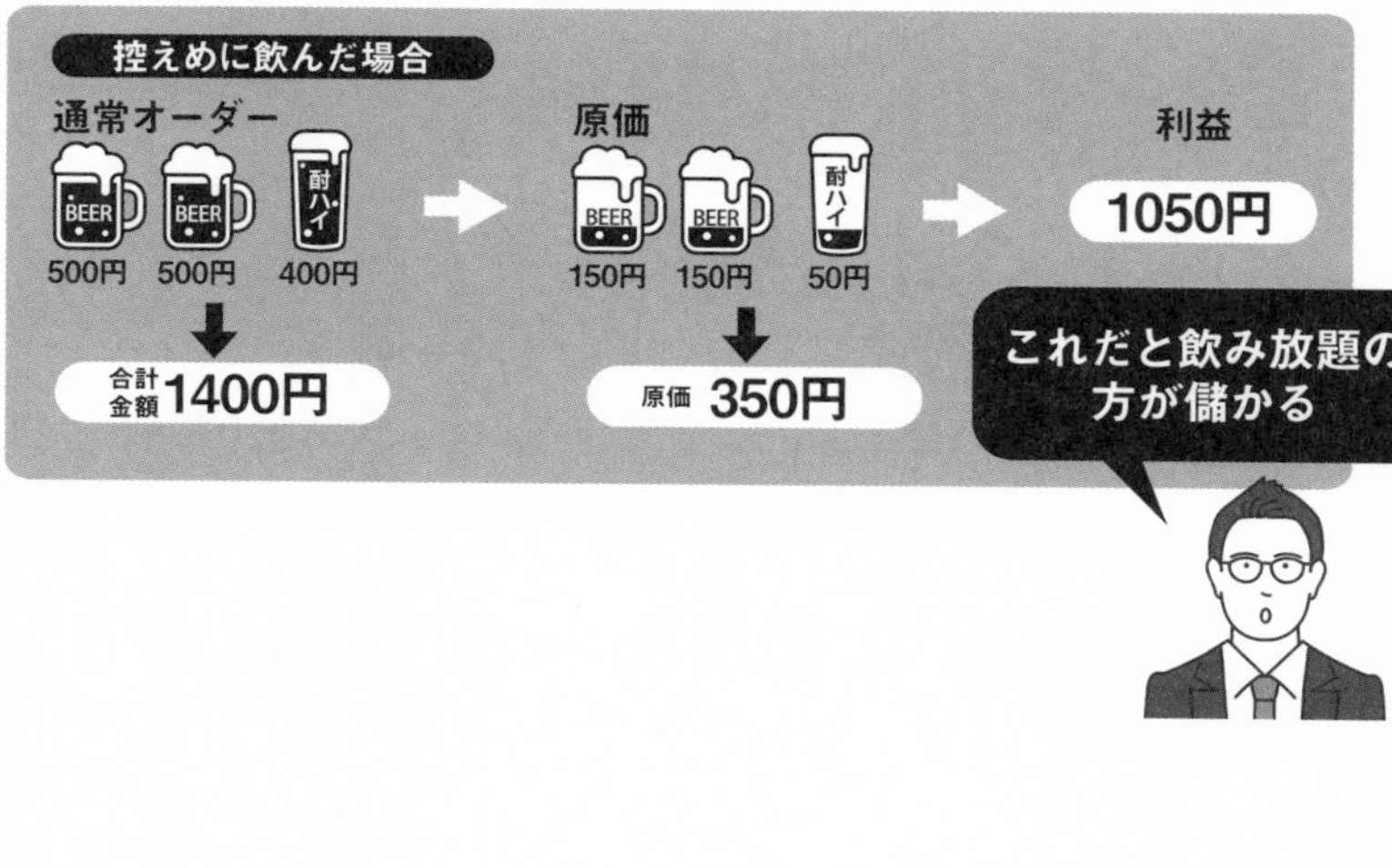

控えめに飲んだ場合
通常オーダー
500円 500円 400円
耐ハイ
合計金額 1400円
原価
150円 150円 50円
耐ハイ
原価 350円
利益
1050円
これだと飲み放題の
方が儲かる

なぜ原油価格が７倍になってもガソリン価格が７倍にならないのか？

原油価格は２年で７倍と驚異の高騰！

コロナ禍での需要減少やロシアのウクライナ侵攻により、ここ数年、原油価格が乱高下しています。

テキサス州西部を中心とした地域で産出される米国の代表的な原油であるＷＴＩ（West Texas Intermediate）価格はコロナの流行拡大初期の需要が減少した２０２０年４月には月間平均で１バレル16・52ドルまで下落、しかしその後の需要回復とロシアのウクライナ侵攻に伴い２０２２年６月には月間平均で１１４・59ドルまで高騰しました。月間平均価格で見ると実に７倍の価格差です。

年間平均で見ても、１９９０年代には１バレル10ドル台だったものがその後乱高下し、コロナ禍初期の２０２０年に39・31ドルだったものが２０２２年には94・43ドルと２年間で２・４倍になりました。

原油価格が上がることで価格が上昇する身近なものといえばガソリンです。確かに原油価格高騰後に自家用車でガソリンを給油した際に、随分高いなと感じることが多くなりました。しかし、原油価格が上がったほどガソリン価格が上がったかというとそこまではありません。

資源エネルギー庁が毎週発表している全国のガソリン店頭価格（税込）を見ると、2020年以降で最も安かったのは2020年5月11日週の124・8円／ℓ、逆に最も高かったのは2023年9月4日週の186・5円／ℓです。比較すると1・5倍になります。

ガソリン価格に占める原油コストは全体の30～40％でしかない

●年間平均の原油価格の推移
（1980～2022）

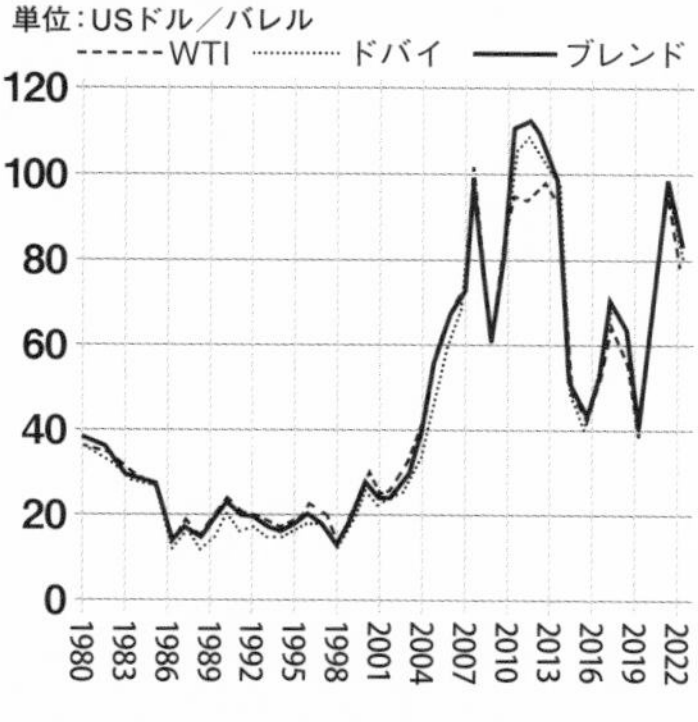

出典：世界経済のネタ帳「原油価格の推移」
https://ecodb.net/commodity/group_oil.html

●月間平均の原油価格の推移
（2020.1～2023.8）

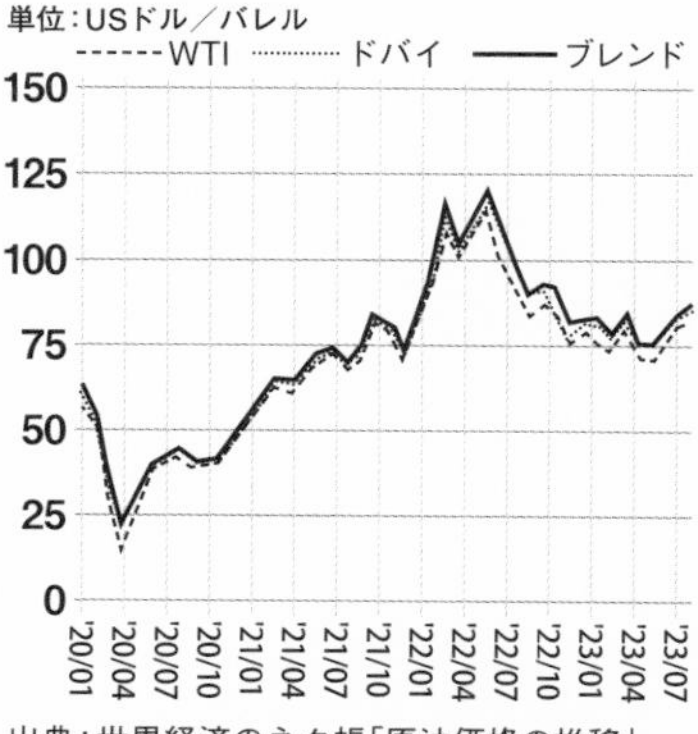

出典：世界経済のネタ帳「原油価格の推移」
https://ecodb.net/commodity/group_oil.html

原油価格が月間平均価格で7倍、変動が緩やかになる年間平均価格でも2・4倍になっているにもかかわらず、なぜガソリン価格はそこまで大きな変動がないのでしょうか？

価格転嫁ができずに石油元売りやガソリンスタンドがコスト増加分を吸収しているのかというと、原油価格上昇のタイミングで石油元売り会社はこぞって最高益を計上していますし、元々それほど大きなマージンを得ているわけでもないガソリンスタンドでコストを吸収する余裕もありません。元々ガソリンは他の小売商品と比べても相場に連動して価格が変動するというものという印象があるため、タイムリーな価格転嫁が可能です。

●レギュラー現金価格(円／リットル)

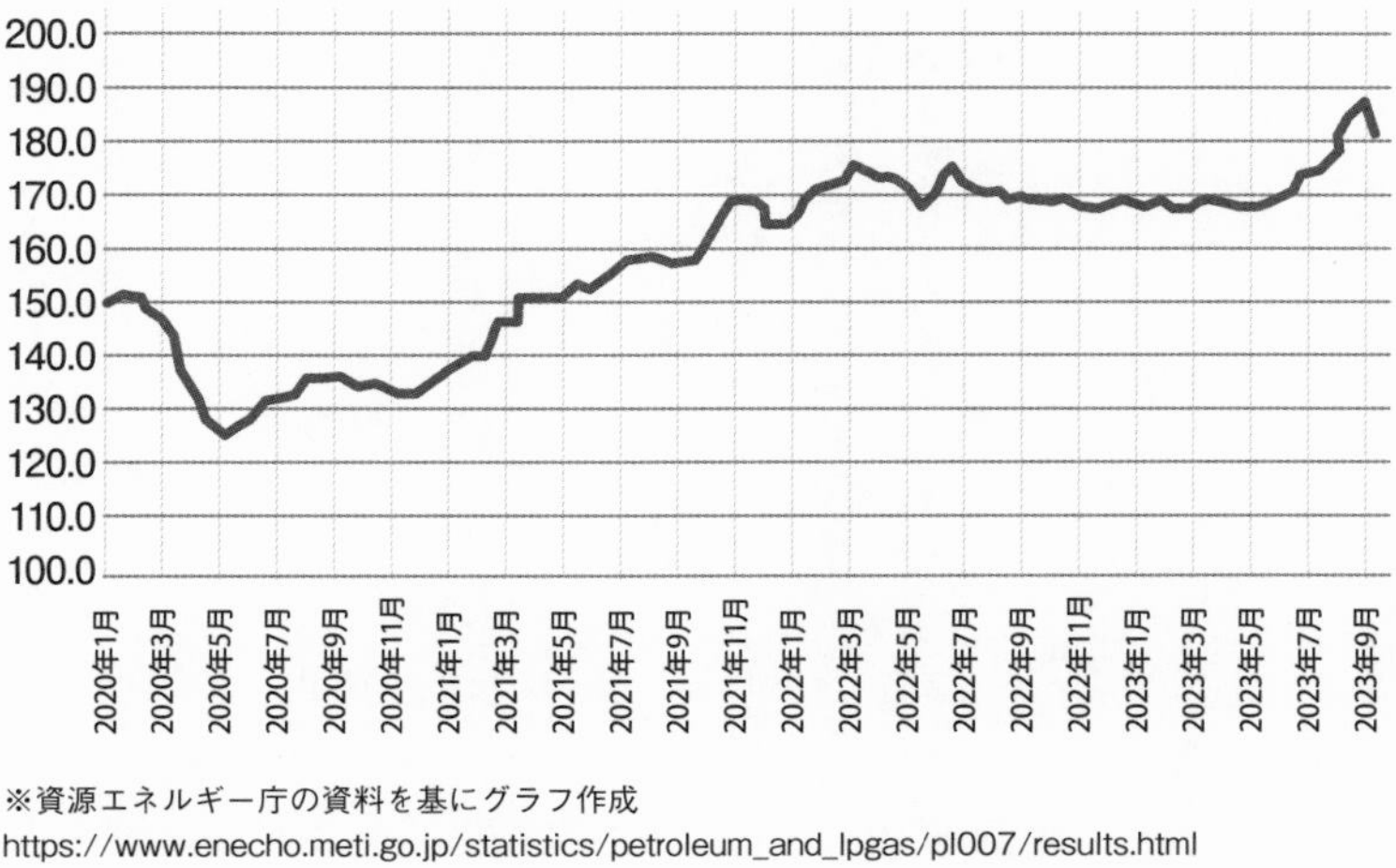

※資源エネルギー庁の資料を基にグラフ作成
https://www.enecho.meti.go.jp/statistics/petroleum_and_lpgas/pl007/results.html

それでは一体何が要因なのか？　それはガソリンのコスト構造が影響しています。50ページの図は資源エネルギー庁が出している資料をベースに算出したガソリンのコスト構造です。

図を見ていただくと分かるように、ガソリンには1ℓ当たり53・8円の揮発油税と2・54円の石油石炭税、合わせて56・34円の特殊な税金が掛けられています。更にここに10％の消費税が掛かるので、**原油価格が安いタイミングでは価格の半分以上が税金**になります。その他に流通マージンや精製マージンなど原油コストが変動してもそこまで大きく変わらないコストもあるため、**純粋に原油コストが全体に占める割合は30～40％程度**でしかありません。このようなコスト構造になっているからこそ、原油価格の上昇幅と比べてガソリンの価格変動は小さいものになるのです。なお、**アメリカは日本の揮発油税と石油石炭税にあたる税金が大幅に少なく、コストに占める原油コストの割合が大きいため今回の原油価格上昇局面では小売価格が大幅に上昇する結果**になっています。

なお現在は政府がガソリン価格の高騰を抑制するために石油元売り会社に補助金を給付していることも変動を抑える要因となっています。

私も経営コンサルタントとして企業の業績改善を進めることがありますが、**コスト削減に**

着手する上で重要なのは全体に与えるインパクトを把握することです。全体の占める割合が大きいものほど削減の効果は大きいため、そのような項目から削減できるか優先的に考えます。数字で全体感を見ることは改善を進める上でとても重要です。

●原油価格が2倍になってもガソリン価格は2倍にならない

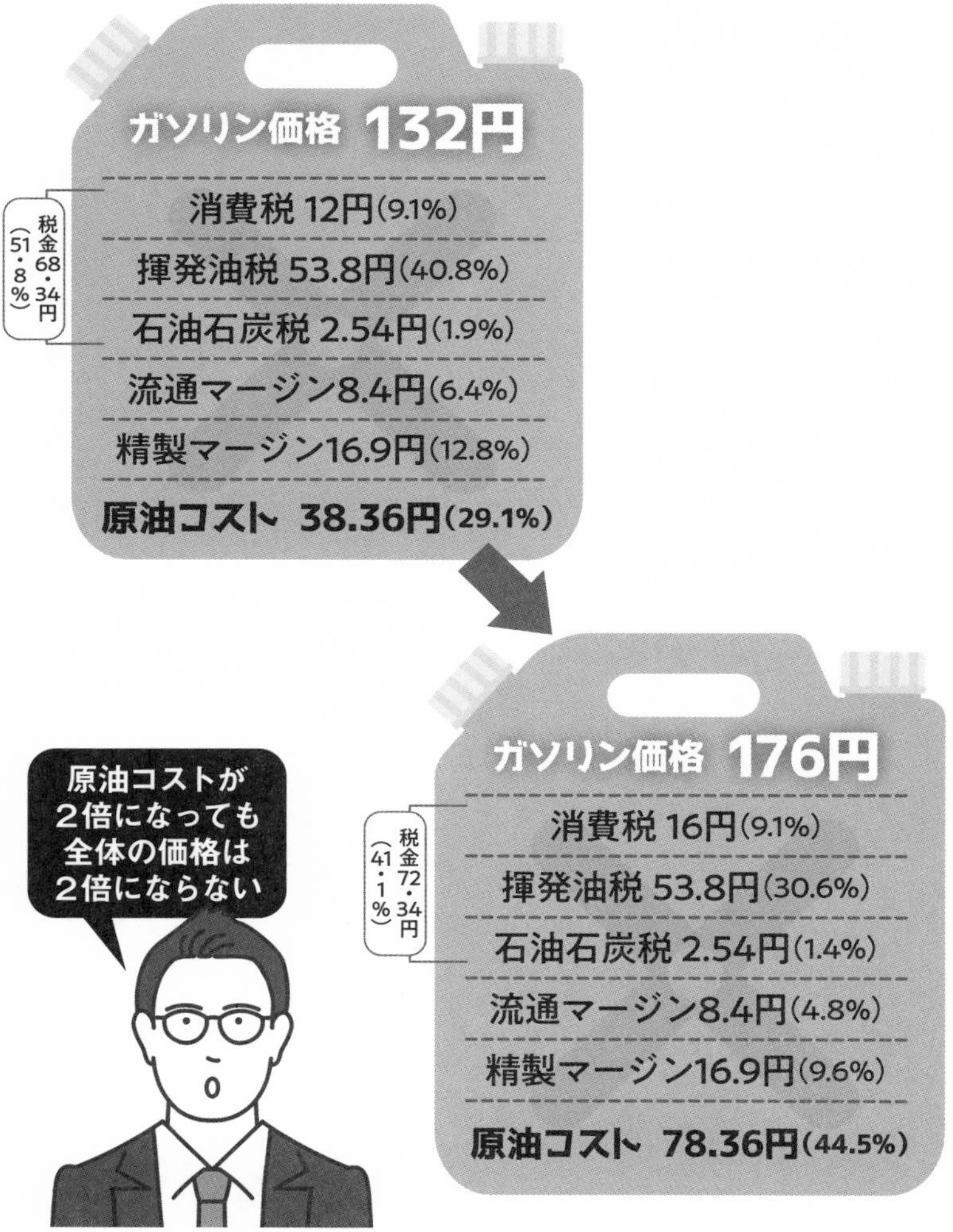

※資源エネルギー庁「石油流通における現状と課題について」を基に算出
https://www.meti.go.jp/shigikai/enecho/shigen nenryo/sekiyu gas/pdf/005 02 01.pdf

なぜあの立ち飲み屋の社長は高級外車に乗っているのか？

お金も時間も節約志向の時代に即した立ち飲み屋

11月11日は何の日だかご存じでしょうか？

「ポッキー&プリッツの日」が有名ですが、実は「立ち飲みの日」でもあります。１１１１の形が人が集まって立ち飲みしている姿に似ていることからきているそうです。

ちなみに日本記念日協会によると**11月11日は記念日が３番目に多い日**（２０２３年8月時点で59件）で、「チンアナゴの日」「スティックパンの日」「うまい棒の日」など、棒状のもの、直線のものの記念日になっているそうです。少し前までは一番記念日が多い日だったそうですが、最近**8月8日と10月10日の申請が相次ぎ、ナンバー１の座を奪われたもよう**です。

立ち飲み屋の歴史は古く、江戸時代から営まれていました。酒屋でお酒とつまみを購入し、店に併設された一角（カウンター）で立ったまま飲食していたことが起源とされています。酒屋の店頭で飲むことを「角打ち」と言いますが、店の一角で飲むことが言葉の所以です。

立ち飲み屋は、低価格で気軽にお酒を楽しむことができるため最近ではサラリーマンの憩いの場の一つになっています。お金も時間も節約志向の時代にはうってつけの業態とあって、以前と比べて店舗数も増加しています。私もせんべろ（「1000円でべろべろに酔っぱらえる」価格帯の酒場の俗称）の聖地である赤羽が帰宅途中にあるため、ついつい一杯と立ち寄り、その後何食わぬ顔で家族と夕飯を食べることがあります。

立ち飲み屋はドリンクが300～400円、フードも100～400円程度と普通の居酒屋と比べてそれぞれのメニューを2～3割安く提供しています。それ自体は財布に優しく利用者としてはありがたいのですが、メニューを安く提供し滞在時間も短いことから一人当たりの客単価はかなり低くなっています。「安く手軽に飲めるのは良いことだが、サービス精神が旺盛すぎてお店が潰れたらどうしよう」と不安になる方もいるかもしれません。

立ち飲み屋は原価率が高いのになぜ儲かるのか？

安心してください。あんなに安く提供している立ち飲み屋ですが、社長がニコニコしながら高級外車に乗るくらい儲かっている会社も多いのです。

確かに、それぞれのメニューの単価を安く設定している分、単品ごとの利益は少ないです。**飲食店の原価率（販売単価に占める原価の割合）は一般的に30％程度**といわれていますが、立ち飲み屋の場合、同じメニューでも２～３割安いので原価率も高くなります。

えっ、全然儲かってないじゃん！　と思われるかもしれませんが、**普通の居酒屋と異なるのは一日当たりのお客さんの数**です。

●普通の居酒屋と立ち飲み屋のメニュー原価率

	普通の居酒屋	立ち飲み屋
販売単価	500	400
原価	150	150
粗利額	350	250
原価率	30%	38%

普通の居酒屋の場合、一度入店するとゆっくり席に腰を下ろして飲みますので一般的に２～３時間は滞在します。しかし立ち飲み屋の場合は、３時間も立ちっぱなしでは疲れるので、ある程度飲んだら早々に切り上げます。**滞在時間は男性１時間、女性１時間半**と言われています。更に立ち飲みの場合は椅子が無いため普通の居酒屋と比べて入店できる人数が多く、一日当たりたくさんのお客さんを受け入れることが可能です。そして前述したようにリーズナブルな価格設定と一人でも気軽に入れる雰囲気から、集客力も高いわけです。

普通の居酒屋で20席あったとしても、グループの人数によっては４人掛けに３人ということもあるので、満席時で15人程度。それが2回転したとして一日当たりのお客さんは30人といったところでしょう。しかし、立ち飲み屋の場合、椅子が無い分同じスペースでも30人は入れますし、滞在時間が少ないため回転も速いです。3回転したすると一日当たり90人のお客さんを受け入れることが可能です。

利益は「一人当たり利益×お客さんの人数」

お客さん単価を普通の居酒屋4000円、立ち飲み屋2000円とし、原価率の差があっても人数が多い分、上記の表のように立ち飲み屋の方が一日当たりの粗利額が大きくなります。

基本的なことですが、**利益は「一人当たり利益×お客さんの人数」**になります。立ち飲み屋の場合、一人当たりの利益を犠牲にしてでもお客さんの人数を増やす戦略ということですね。

●普通の居酒屋と立ち飲み屋の一日当たりの粗利額

	普通の居酒屋	立ち飲み屋
一人当たりの飲食代	4,000	2,000
一人当たりの原価	1,200	760
一人当たりの粗利額	2,800	1,240
原価率	30%	38%
一日当たりの客数	30	90
一日当たりの粗利額	84,000	111,600

第2章

なぜ新幹線の駅は片側だけ発展しているのか？

観光ビジネスの謎を数字で考える

なぜ新幹線の駅は片側だけ発展しているのか？

新幹線の駅は片側は賑わっているが、もう一方の側は寂しい

皆さんは街の散策はお好きでしょうか？　あまり外を出歩かないという方や目的の無い行動はしない主義という方もいるかもしれませんが、ビジネスの数字に強くなるためには世の中を見て関心を持ったことを数字に落とし込んで考えることが大切です。当たり前ですが経済は社内や会議室の中で動いているわけではなく、社会全体で動いています。自分で世の中を見て肌で感じることが世の中の経済を知り数字に強くなるための一歩です。

私は出張先で早朝にウォーキングをするように心掛けています。朝の1時間だけでも意識して歩くと、史跡や寺社仏閣、市場、夜明けの繁華街などからいろんなことを学べます。以前、駅の周辺、特に地方の新幹線の駅の周辺を散策すると、あることに気づきました。それは〝駅の片側は発展しているが、もう一方の側は寂しいことが多い〟ということです。

東北新幹線の沿線の駅を見るとその傾向が特に顕著です。宇都宮駅は東口にＬＲＴの駅が

新設され小洒落た場所になっていますが、かつては怪しげな飲み屋街が多いイメージで、西口周辺と比べてパッとしていませんでした。仙台駅も西口が賑わっており、最近でこそ東口の開発が進みましたが、私が小さい頃は予備校くらいしかありませんでした。郡山駅は現在でも店舗は西口に集中しています。逆に盛岡駅は東口が賑わっていますが、西口は駐車場のイメージしかありません。

駅は市街地の中心には作らない

〝なぜ新幹線の駅は片側だけ発展しているのか？〟もちろん都市計画で開発の順番が決まっているということもありますが、理由は**そもそも駅を作った当初から片側は多少発展していたから**です。当たり前ですが、鉄道や新幹線を街の中心に通すと用地買収コストが莫大になりますし地権者の人数も増えるため、手間も時間も掛かります。2010年に新幹線が開通した新青森駅は周辺には病院とホテルが1軒ずつでき、多少住宅も増えてきましたが、それ以外はレンタカー会社しかありません。元々周辺には何もないところでした。

ちなみに東京駅ができた当時の中心地は五街道（東海道、中山道、日光街道、奥州街道、甲州街道）の起点であった日本橋周辺でしたが、明治維新後に諸藩の江戸詰めがなくなり、空き家になった各藩の大名屋敷跡に東京駅が作られた経緯があります。大阪駅にしても当初の候補地は堂島でしたが、用地買収コストを抑えるために数軒の民家しかない田園地帯だった梅田周辺に建設されました。

駅前発展のライフサイクル

元々の市街地の端に駅を作り、市街地側が発展していくのが一般的なようです。多くの場合、市役所や城、有名な神社があるエリアがかつての街の中心なので、発展している側にそのような施設が集中しています。その後、元々の市街地側で開発の余地が無くなってくると反対側も開発されるようになります。歴史が古い駅などはそのような変遷を経て全体的に発展していますが、開発された時期の違いから旧市街と新市街のような色合いが出ます。

都心で新しい線を通すとなると莫大な費用が発生します。東京メトロが副都心線池袋―渋谷間8・9㎞を建設する際に購入した1㎡当たりの用地購入費は203万円でした。地下鉄を通す際は地上の地権者との用地交渉や補償の問題が発生するため、基本的には国や地方自治体が所有する道路の下に作りますが、それでも地下鉄の駅の出入り口などある程度の用地買収は必要になります。東京駅と有明・東京ビッグサイト駅間で建設が予定されている**都心部・臨海地域地下鉄、通称・臨海地下鉄新線では約6・1㎞の路線を作るのに、建設費は約4200億～約5100億円。1㎞当たりの建設費は689億～836億円**に達します。

駅の片側は賑わっているのに、
ナゼ!?
もう片側はちょっとさびしい…
東北新幹線はとくに顕著
宇都宮
仙台
郡山
盛岡
¥
街の中心は用地買収コストが莫大なので駅を通さない！
東京駅：維新でできた跡地に
大阪駅：梅田は田園地帯だった
元々の市街地の"端"に駅をつくることが多かった！
こうして駅をはさんで街の色合いが分かれることも
市役所や神社
元々栄えていてコスト高
コスト安
駅
裏口
＝
元々人流が少なくて開発が後回し
古い建物の多い旧市街
元々の市街地
駅
新しい建物が多い新市街

このように鉄道を通すというのは本当にお金が掛かります。そのために市街地の端に駅を作り、元々の市街地側が発展したわけです。

なぜ駅前のビジネスホテルは温泉旅館より安いのか？

温泉旅館はビジネスホテルより割高

私は仕事柄出張が多く、年間１００泊ほど外泊をしています。北海道から鹿児島まで津々浦々のビジネスホテルに宿泊しているので、ホテルの相場感やコスパといった感覚に自信があります。

そんな私が宿泊施設のことでよく感じることがあります。それは何かというと旅館の割高感です。ビジネスホテルであれば、１万円も出せば駅前にあるそれなりのホテルに朝食付きで泊まることができます。しかし温泉旅館はどうでしょうか？　もちろん旅館にもよりますが、夕飯をつけなかったとしても（朝食付き）、１万円ではそんなに良い旅館には泊まれないのではないでしょうか？　私の場合、温泉旅館に泊まる際には家族５人で一部屋しか使わないにもかかわらず、結構割高な印象を受けます。

コスパの差は平日の稼働状況

このコストパフォーマンスの差が起きる理由は一体なんなのでしょうか？

考えられることはいくつかあります。

例えば、

①旅館がボッていて儲かっている？⬇倒産する旅館も多く、必ずしも儲かっているようには思えません。

②建物の建設コストが高い？⬇確かに建物は凝っているかもしれませんが、駅前のビジネスホテルは土地が高いので、旅館だけがコスト高とも思えません。

③運営人員が多く人件費が高い？⬇旅館は布団の用意をしたり、お茶を用意してくれる仲居さんがいますが、ホテルと比べると相部屋が多いため運営人数当たりの部屋数も少なく特別高い気もしません。

などなどいろんな要因は思い浮かびますが、必ずしも決定打とはなりません。

しかし、ビジネスホテルと旅館で決定的に差があるものがあります。

それは何かというと稼働率です。

観光庁の出している全国の宿泊施設の稼働率のデータを見ると、ビジネスホテルと旅館の稼働率は約2倍の差があります。これを見ると、「いやいや、旅館に泊まる際に予約が一杯で泊まれなかった経験があるし、こんなに稼働率が低いわけがない！」と思う方もいらっしゃるかもしれません。

確かに旅館に泊まろうとしたけど予約が一杯で宿泊できないということはあります。しかし、それは多くの場合週末です。何を言いたいのかというと、旅館は週末は稼働率が高いものの平日の稼働率はかなり低いということです。

一方で駅前のビジネスホテルはどうかというと、旅館同様、週末は観光客の需要で混みあいますが、平日も私のようなビジネスユースの利用が多いた

●施設タイプ別客室稼働率の推移

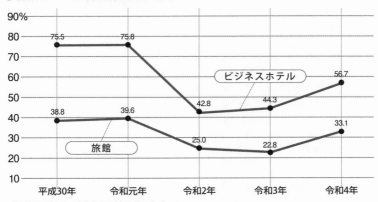

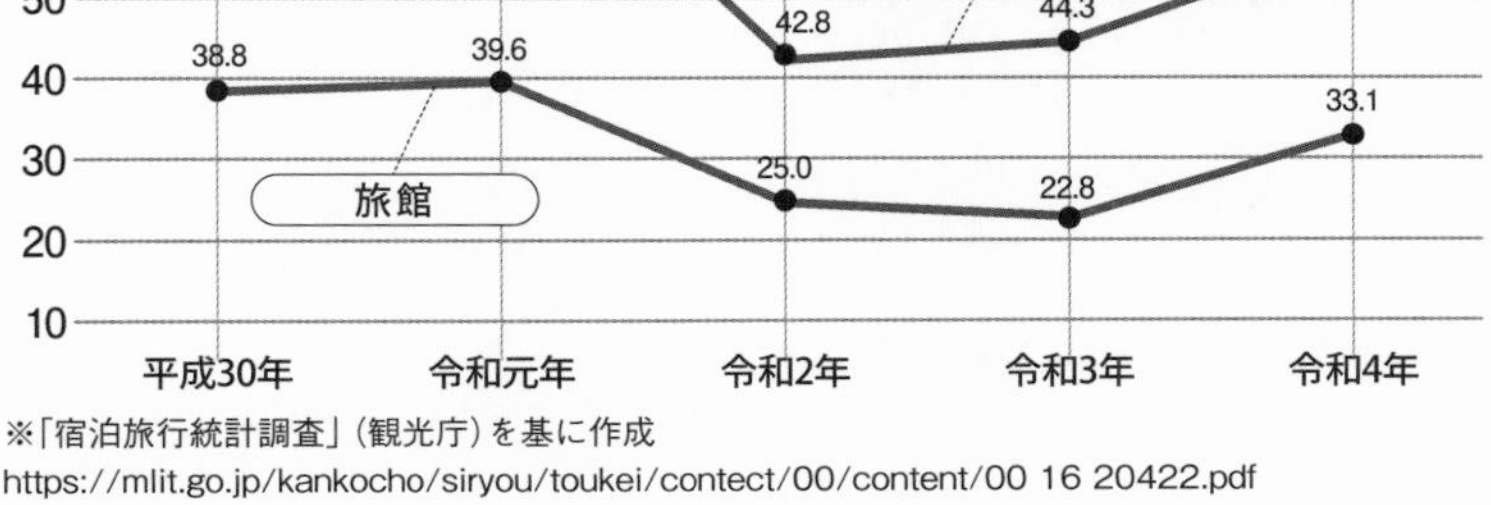

※「宿泊旅行統計調査」（観光庁）を基に作成
https://mlit.go.jp/kankocho/siryou/toukei/contect/00/content/00 16 20422.pdf

め旅館と違って稼働はあまり落ちません。週末の稼働の差は少ないものの、平日の差が大きいことが通年の稼働率の差に繋がっています。

このような稼働率が低い旅館は、固定費をペイするために割高の価格設定を余儀なくされます。特に最近の宿泊施設は需要と供給の状況に合わせて価格を変更するダイナミックプライシングを採用しているケースが多いため、主に週末に宿泊する機会が多い旅館は更に割高な印象になります。

旅館は高齢者とインバウンドを取り込み稼働率を上げるべき

このような旅館は稼働率の状況を今後どのように打破していくべきか。そのカギを握るのはリタイアした高齢世代と外国人観光客です。コロナの影響も落ち着き旅行需要はだいぶ戻ってきました。インバウンドの人数もコロナ前の水準に戻るのは時間の問題でしょう。そのように観光客数が増加している中で、平日でも自由に動ける高齢世代と外国人観光客の利用を増やし、全体の稼働率を上げていくべきです。稼働率を上げれば、社員の給与を上げることもできますし、ビジネスホテルと同じようなリーズナブルな価格でサービスを提供できるようになるのではないでしょうか。

●ポイントは稼働率の差

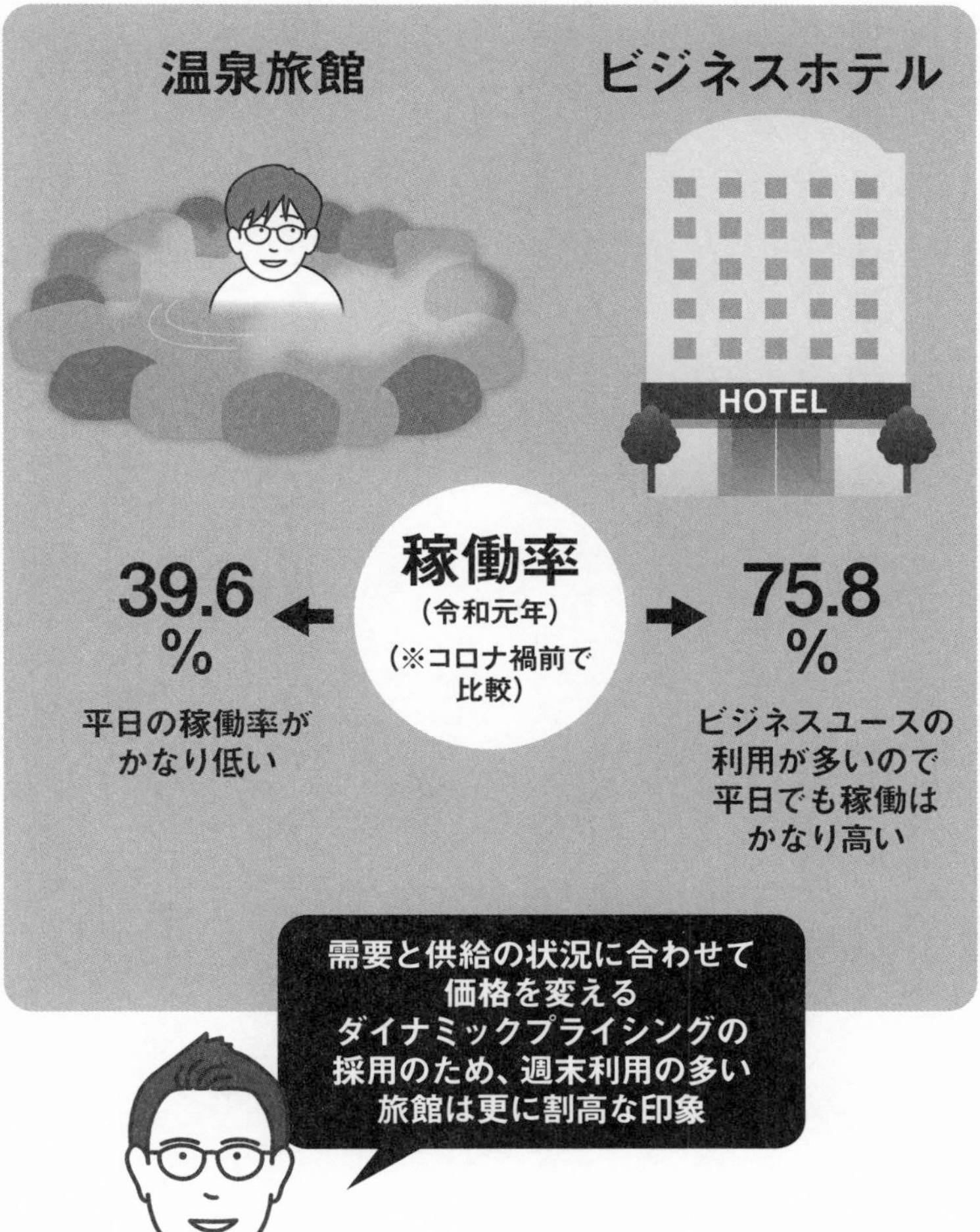

温泉旅館
ビジネスホテル
HOTEL
稼働率
（令和元年）
（※コロナ禍前で比較）
39.6%
平日の稼働率がかなり低い
75.8%
ビジネスユースの利用が多いので平日でも稼働はかなり高い
需要と供給の状況に合わせて価格を変えるダイナミックプライシングの採用のため、週末利用の多い旅館は更に割高な印象

なぜ鉄道会社には航空会社のようなステータス会員がないのか？

航空会社はステータス会員があるのに鉄道会社にはない

飛行機での移動を年間60～70回しています。それだけ利用しているので、航空会社のステータス会員になり優先搭乗や特別なラウンジを使用できます。このように**航空会社は利用実績に応じてステータス特典が増えていきます。**

しかし一方で鉄道会社はどうかというと、最近ではJR各社でのポイントがありますが、使用用途は航空会社のマイルと比べると限定的で、ステータス会員というようなものがほとんどありません。JR西日本でJ-WESTプレミア・プログラムというものがありますが、航空会社のステータス会員と比べてメリットはだいぶ少ないのが実情です。

高速鉄道はJRの独占で競争がない

なぜ鉄道会社には航空会社のようなステータス会員がないのでしょうか？

一言でいうと**競争が無いから**です。

航空会社は同じ路線でも国内では多くの場合ＪＡＬとＡＮＡが飛んでいます。お客さんは2つのうちどちらか好きな方を選べば良いわけです。航空会社としても自社を選んでもらいたいので、必死に自社を利用してもらえるようにお客さんの囲い込みを行います。利用する側としてみると、どちらか一方に集中させた方がステータスも上がります。またステータス会員になった後にも、特別なラウンジの利用などはその航空会社の便を利用する際にしか使えませんので、特典を享受するためにも特定の航空会社を継続的に利用します。時折、ＪＡＬとＡＮＡのどちらもステータス会員というとても羨ましい方もいますが、一定以上のステータスは毎年利用のハードルをクリアする必要があるので、結局はどちらかの利用に集中することになります。

一方で、鉄道会社はどうかというと、大都市圏はＪＲだけでなく私鉄もありますが、**長距離を移動する高速鉄道はＪＲの新幹線一択**です。飛行機は東京（羽田・成田）と大阪（伊丹・関西）を結ぶフライトで見ると、ＪＡＬ・ＡＮＡだけでなくスターフライヤーやピーチ、ジェットスターなど5社が就航しており、競争環境がだいぶ異なります。

高速鉄道で競争が起きない理由は投資額の大きさにあります。２０３０年末に開業を目指している**北海道新幹線（新函館北斗－札幌間）**の建設費は約2兆３１５０億円、中央リニア新幹線（品川－名古屋間）においては建設費約7兆400億円が見込まれています。更に新幹線16両1編成約40億円の車両本体の投資も発生します。一社独占であっても投資額の回収までかなり長い期間を要します。新規参入して競争すれば収益が悪化することは明確であり、そのような状況で投資リスクを負える企業はほとんどありません。また国が認可することもないと思います。

一方で飛行機の投資額はボーイング737シリーズで約150億円、ボンバルディアなどのリージョナルジェットで50～100億円となっています。予備機も含めるとその数倍の投資額となりますが、高速鉄道の投資額と比較すれば少ない金額です。フジドリームエアラインズは静岡の物流会社である鈴与、アイベックスエアラインズは会計システム会社の日本デジタル研究所（ＪＤＬ）の子会社ですが、企業の多角化の一つとして始めることができるレベルの投資額に収まります。このように高速鉄道と比較して投資額が小さいため新規参入が増え、航空会社は競争が激しく、ステータス会員やマイルでお客さんの囲い込みに必死になるわけです。

東海道新幹線はドル箱

高速鉄道は投資負担は重いものの、競争が無いこともあり、鉄道会社は航空会社と比べて

●鉄道会社と航空会社の経常利益

	2019年3月期	2020年3月期	2021年3月期	2022年3月期	2023年3月期
JR東海	6327億円	5743億円	▲2621億円	▲673億円	3075億円
JAL	1654億円	885億円	▲4069億円	▲2395億円	646億円
ANA	1567億円	594億円	▲4514億円	▲1849億円	1118億円

※JALの2022年3月期以降は財務・法人所得税前利益

利益水準は高いです。上の図はドル箱の東海道新幹線を抱えるJR東海とJAL・ANAの経常利益を比較したものです。コロナの影響が無い2019年3月期の数字を見てもJR東海一社でJALとANAの経常利益の合計の2倍の水準となっています。

日本国内の一部地域でしか運営していない企業ですが、国際線も含めた日本のツートップの航空会社を遥かに凌ぐ利益を叩き出しています。いかに独占し競争環境が無いことが収益面でメリットがあるか理解できますね。

博多駅・小倉駅にラウンジがある理由

JRは航空会社のようなステータス会員向けのラウンジは基本ありません。しかし、**例外的にあるのが、博多駅と小倉駅にあるプレミアルームです。**前

●高速鉄道で競争が起きない理由は投資額の大きさ

述のＪＲ西日本でＪ－ＷＥＳＴプレミア・プログラムの利用頻度によるステータス特典として利用が可能です（東京駅のビューゴールドラウンジの利用条件はゴールドカード＋グリーン車・グランクラスチケットなどでステータス会員とは異なります）。

なぜ**博多駅・小倉駅のみラウンジがあるかというと、航空会社との競争が激しいエリアだから**です。福岡空港は博多駅まで地下鉄5分という距離に所在し「世界で最も都心に近い空港」と言われています。**都心へのアクセス抜群の高速鉄道も、意識せざるを得ない強力なライバル**と見ているのでしょう。

なぜ京都のホテルは駅前以外にも分散しているのか？

京都はインバウンドでスーパーホテルが3万円に！

長年全国津々浦々に出張していますが、かつてホテルの手配をしていて、衝撃を受けたのが**京都のホテル価格の高騰**です。

２０１４年あたりからインバウンド需要が急増し、日本全国どこにいっても外国人を見かけるようになりました。当時は急増する需要に国内の観光インフラが追いついておらず、観光地ではホテル不足が問題になりました。

特に外国人に人気のある京都では春の桜の時期と秋の紅葉の時期には、普段６０００円程

●訪日外国人旅行者数の推移

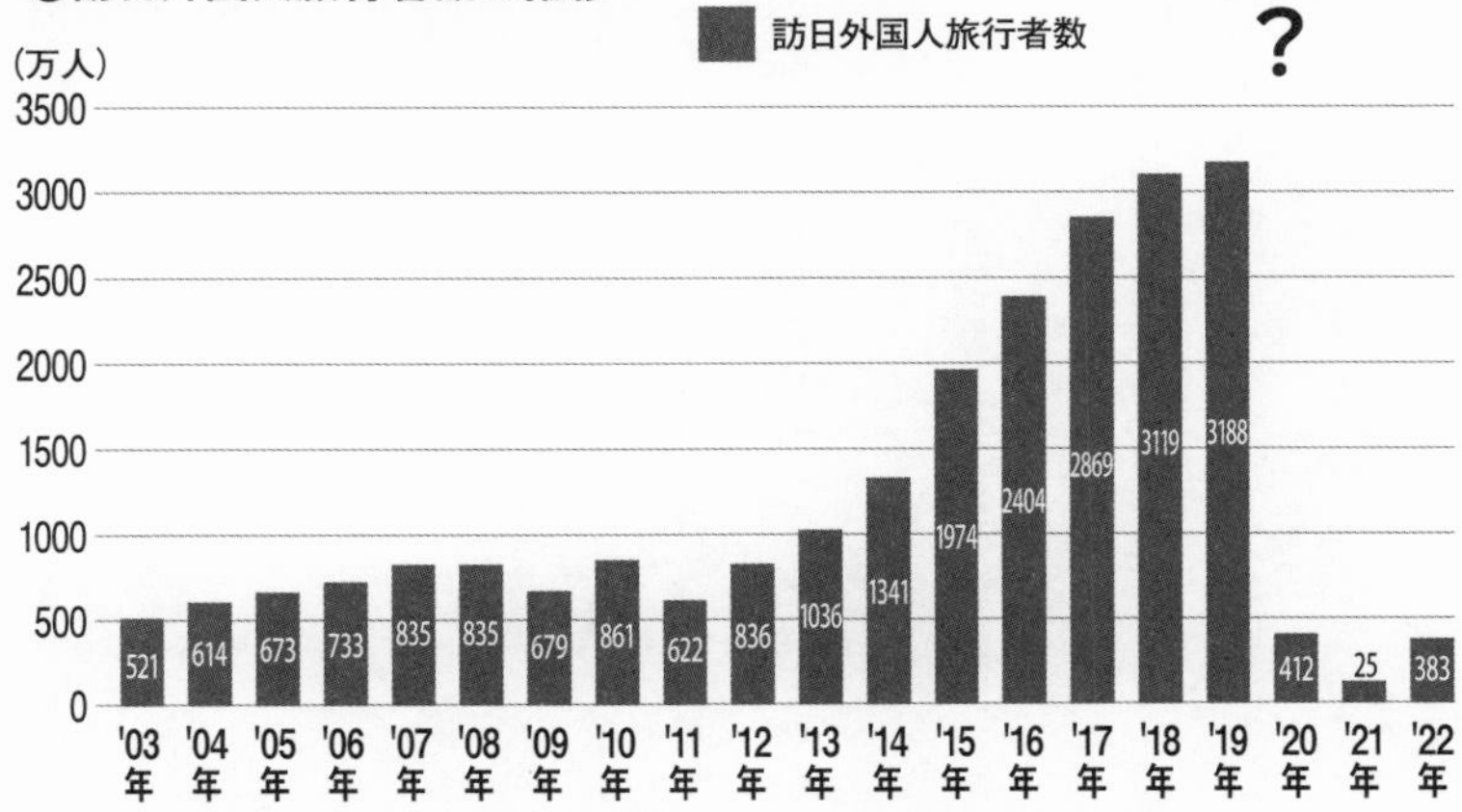

※「訪日外国人旅行者数・出国日本人数の推移」（日本政府観光局）を基に作成
https://www.mlit.go.jp/kankocho/siryou/toukei/in_out.html

度で泊まれるスーパーホテルが3万円もするような事態に陥りました。その後は増加するインバウンド需要に対応するために、日本中でホテルの建設ラッシュが続き、現在では地方も含めて多くのホテルが立ち並んでいます。

京都はターミナル駅以外にホテルが分散

しかし、そんな中でよく感じるのは多くの都市でターミナル駅の周辺にホテルが集中しているのに比べ、前述の京都ではターミナル駅である京都駅から離れた場所に立地するホテルが多いということです。京都市の人口は約145万人ですが、約163万人の福岡市や約134万人のさいたま市ではターミナル駅の博多駅、大宮駅周辺にホテルが集中している印象です。

それは一体なぜでしょうか？　答えは建物の高さに厳しい制限があって高い建物を建てられないからです。

京都市では、全国でも例を見ないほど厳しい高さ制限を課した「新景観政策」を2007年に導入しました。高さの上限をそれまでの45mから31mに引き下げ、更に地域ごとに31～10mの6段階に設定しています。政策導入の目的は京町家や山並みが見える京都ならではの景観が損なわれないようにすることです。火床で大きな文字を作り、文字に点火する「五山の送り火」が見えなくならないように、高さの制限は山側へ行くほど低く設定されています。31mというとオフィスビルだと7〜8階、マンションだと10階くらいになります。京都の不動産事情の特徴としてタワーマンションが無いのはこの高さ制限が影響しています。このように京都では高い建物を建てることができないので、土地面積当たりのホテルの部屋数は少なくなってしまいます。そこに前述のようなインバウンド需要の急増でホテル不足が深刻になり、京都駅から離れた立地のホテルが増えたわけですね。ホテルだけでなく、オフィスビルも全般的に分散しているため、企業のオフィスも同規模の福岡市やさいたま市と比較すると分散して所在しています。

周辺部への人口流出で高さ制限緩和の動き

しかし、2023年4月から京都市は建物の高さ規制を一部地域で緩和しました。前述のように高さ制限があることでマンションの供給戸数が東京や大阪と比べて大幅に少なく、慢性的に不足している状態です。小規模なマンションが中心で価格も高いため、若年層や子育て層が周辺部へ流出している実態が問題視されていました。

景観を守ることと、住みやすさや人口動態のバランスなど、市民からも様々な意見が出ており、高さ制限の緩和も賛成派と反対派による議論が続けられています。

個人としてもビジネスパーソンとしては効率的な街になった方が良いと思う反面、観光客としては京都の景観を守ってほしいという気持ちもあり、複雑な思いですね。

●建物の高さに厳しい制限があって高い建物を建てられない

31ｍの高さ制限
京都では高い建物を建てることが
できないので、京都駅から
離れた場所のホテルが増えました

なぜＬＣＣは格安でサービスが提供できるのか？

格安サービスのＬＣＣ（Low Cost Carrier）

皆さん、ＬＣＣを利用されたことはありますでしょうか？　ＬＣＣとは、Low Cost Carrierの略で、ＪＡＬやＡＮＡのような既存のＦＳＣ（Full Service Carrier）と比較して格安でサービスを提供している航空会社のことです。日本で運航している代表的なＬＣＣとしてはPeach・Aviation、ジェットスター・ジャパン、スプリング・ジャパン（春秋航空）などがあります。

予約のタイミングにもよりますが、ＦＳＣと比較して半額以下という格安運賃で利用することができることから、シェアを拡大しています。

個人的には、かつてＬＣＣを利用した際に利用予定の便が機材繰りの関係で突然欠航となり、仕事のイベントに遅刻しそうになった経験があったことから、ビジネスでの利用は安心感の大きいＦＳＣ、プライベートでの利用は価格差やスケジュールを見ながらＬＣＣと使い分けています。

ちなみにＬＣＣは遅れやすいというイメージがありますが、国土交通省が発表している令和４年度の定時運航率（全体の便数に占める出発予定時刻以降15分以内に出発した便数の割合）を見ると、**ピーチは定時運航率が低いものの、ジェットスターはＦＳＣと遜色なく、スプリング・ジャパンに至ってはむしろ高い定時運航率を誇っている**ことが分かりますね。

ＬＣＣはフライトスケジュールがタイトなため遅れが生じやすいというイメージが強いのですが、航空会社によっては必ずしもそうではないということが分かります。

このように自分のイメージや仮説を数字で検証することで自分の仮説の精度を高めたり、修正することが大切です。何事もそうですが、検証をしない仮説は思い込みとなり、

●令和４年度　定時運航率

航空会社	JAL	ANA	ピーチ	ジェットスター	スプリング・ジャパン
定時運航率（%）	92.04	90.56	81.35	87.79	94.93

※「特定本邦航空運送事業者に係る情報」（国土交通省）を基に作成
https://www.mlit.go.jp/koku/content/001632069.pdf

間違った判断の元になってしまいます。

LCCは使用する機材を絞り込んでいる

さて、LCCは前述のように格安でサービスを利用することができますが、一体なぜLCCは格安でサービスが提供できるのか？

LCCが格安でサービスを提供できる背景には様々なコストマネジメントがあります。

まず機材面での工夫があります。

LCCではボーイングのB737かエアバスA320のどちらかに使用機材を絞り込んでいます。航空機免許は機材ごとに必要なので、同じ機材で統一することでパイロットの教育時間が短縮できます。また同様にメンテナンスをする整備士の教育時間も短くて済みます。予備の人員も圧縮でき、結果的に全体の人員を圧縮することが可能です。また予備の機材や部品も様々な機材を抱えている場合と比べて減らすことができます。

また同じ機材でも座席数がFSCと比較して10～20％多くなっています。利用されたことのある方はご存じかもしれませんが、LCCは座席数を増やすため座席のピッチ幅が5センチ程度狭くなっています。大柄な方には若干窮屈かもしれませんね。またモニターなどの設備もなく必要最低限の機材となっています。

機材の回転率を上げるために、運航スケジュールがタイトになっており、折り返しまでの時間がFSCよりに短い設定となっています。出発の前の準備が慌ただしくなりますが、限られた機材でより多くの運航をするための工夫がされています。

無料サービスを有料化することで提供する手間を削減

サービス面においては、FSCであれば無料である機内食やドリンクの提供、毛布や枕の貸出がLCCでは希望者のみの有料サービスとなっています。これは食材の原価を抑えることだ

●LCCが安いのは徹底したコスト削減のため

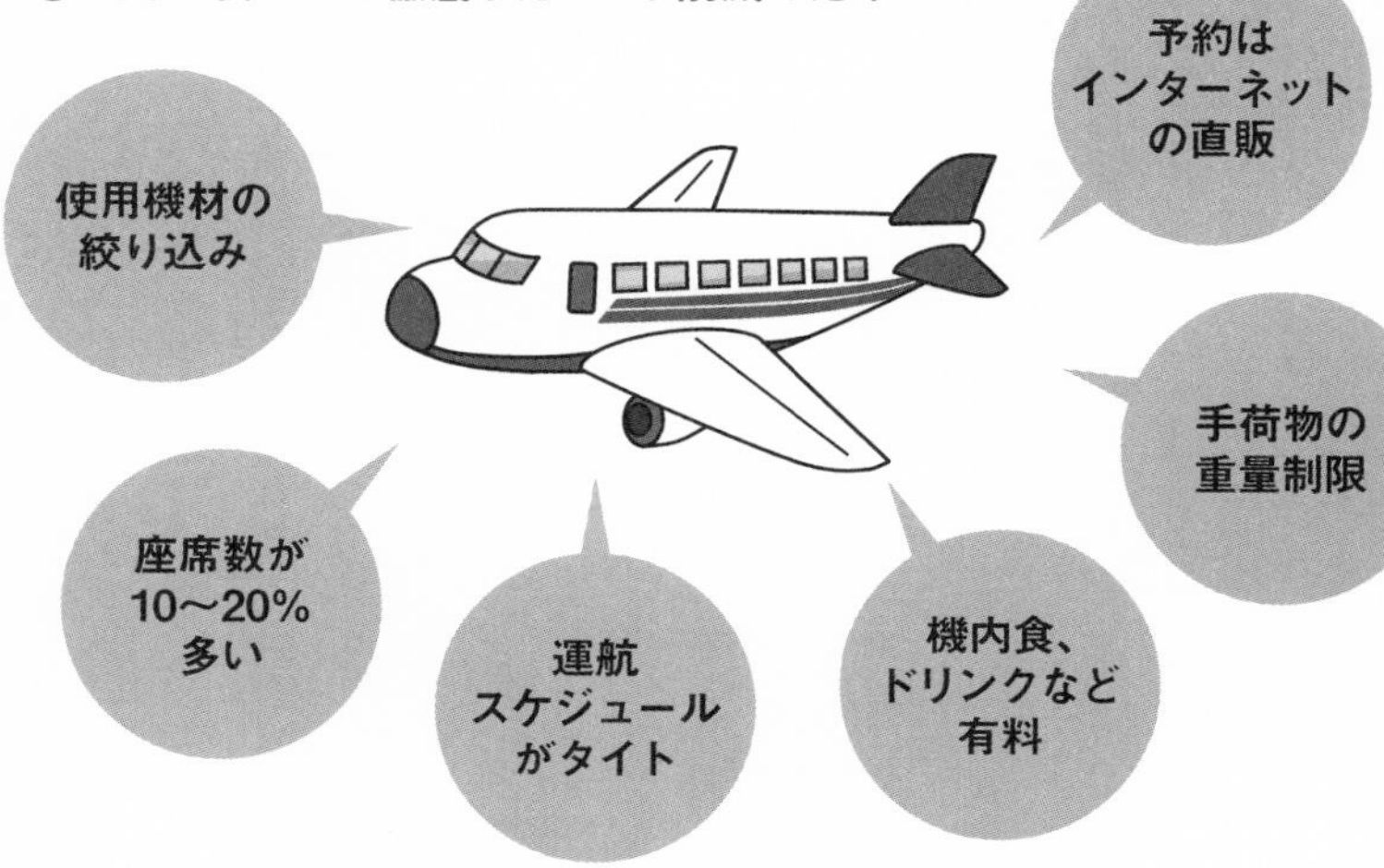

けでなく、サービスを提供する客室乗務員の人数を減らすことにも繋がります。また荷物の重量についても制限を設けています。ＬＣＣでは、**チェックイン時に預ける受託手荷物は基本有料です**。機内へ持ち込む**手荷物もＬＣＣは７kgまでとＦＳＣの10kgに比べて制限が厳しい**です。このように荷物の重量制限をしているため、利用者は少しでも荷物を減らそうと努力します。結果的に全体重量が軽くなり、燃費を改善することができます。

またＬＣＣの**予約は基本インターネットでの直販となっており、リアル店舗の窓口はありません**。その分、家賃や対応する人員の人件費や代理店への手数料も圧縮しています。

このようにＬＣＣは様々な面においてコストを削減し格安でのサービスを実現しています。格安でいろんな場所に行ける背景にはこのような涙ぐましい努力の積み重ねがあるわけですね。

第3章

なぜ圧倒的な実力を持つ競走馬は勝てるレースがあっても、若くして引退させるのか？

スポーツ業界の謎を数字で考える

なぜ圧倒的な実力を持つ競走馬は勝てるレースがあっても、若くして引退させるのか？

“近代日本競馬界の最高傑作ディープインパクト”

ディープインパクトという競走馬をご存じでしょうか？

シンボリルドルフ以来、21年ぶり史上2頭目の無敗での3冠馬となり、「空を飛ぶ馬」と呼ばれ、名ジョッキー武豊をして「これ以上強い馬がいるのか」と言わしめた近代日本競馬界の最高傑作です。

レースでは圧倒的な強さを誇り、引退レースの有馬記念でも2着に大差をつけ、堂々の1着となりました。そのスピードを見るとまだまだ現役で戦えることは間違いなかったと思いますが、惜しまれつつも引退することとなりました。

競走馬のピークは4～5歳といわれ、6歳でも現役で活躍している競走馬が多数存在します。しかし、ディープインパクトは圧倒的な強さを誇りながら4歳という若さで引退してしまいました。

プロ野球で例えると3冠王を獲得したヤクルトの村上宗隆選手が3冠王を獲得したシーズンで引退するようなものです。プロスポーツ選手であれば、ピークが過ぎても体力の限界を迎えるまで現役を続けるのが一般的だと思います。自分の記録を伸ばしたいというのもありますし、一秒でも長く競技を続けたいと思うことでしょう。また現役であれば収入面でもある程度の金額は保障され、経済的な安定も得られるはずです。

同様にディープインパクトも現役を続けていれば、1着の賞金が億超えのG1レースで優勝することができたはずですし、レースでの獲得賞金も過去最高の記録を塗り替えることもできたと思います。

“引退後に現役時代の何十倍もの収入をあげる”

実はディープインパクトに限らず、優秀な競走馬は圧倒的な強さを見せながら引退していくことは少なくありません。競走馬としてデビューするまで馬主は多額の費用を負担するため、やっと賞金を稼げるようになったのであれば賞金で投資額を回収しようと考えます。しかし、圧倒的な実力を持つ競走馬ほどピーク時に若くして引退させることが多いのです。

絶頂期に引退した山口百恵のように、愛馬には最高の姿の印象をファンに残してあげたい親心なのでしょうか？　いえいえそんなことはありません。やはりそこは大人の世界。圧倒的な実力を持つ優秀な競走馬はその後のレースで稼ぐ以上の収入を得られる道があるのです。それは何かというと**種牡馬としての収入**です。

本当に優秀な競走馬はレースで稼ぐ賞金をはるかに凌ぐお金を種牡馬として稼ぎます。**ディープインパクトが生涯レースで獲得した賞金は14億5455万円。**日本の競走馬として最も多くの賞金を獲得した**アーモンドアイでも19億1526万円です**（2023年9月時点）。

一方、**ディープインパクトの種付け料はピーク時には当時世界最高の4000万円でした。**多い年には年間200頭以上への種付けを実施しており、受胎率が70％だと仮定しても**ピーク時には年間50億～60億円の種付け料が入ってきています。**種牡馬として1年でレースに出ていたのは2歳の12月～4歳の12月までの丸2年なので、一年当たり7億3000万円弱。そう考えると**一年当たりに稼ぐ金額は現役時代の8倍程度**になります。

17歳で急死したため、種牡馬として活躍した年数はそれほど長くはないものの、それでも受胎率が70％だと仮定すると**生涯に得た種付け料は約370億円と推定**されます。

収入で考えると、一年当たりに稼ぐ金額も現役よりも種牡馬としての方が多いのですが、種牡馬として期待されている**競走馬にとってレースに出ることで一番の心配は怪我**です。サラブレッドは体の構造が脆《もろ》く、レース中に脚を骨折することも少なくありません。骨折くらいと思うかもしれませんが、人間と違って馬が脚を骨折した際には回復が難しく、薬物により安楽死させるケースが多いのです。馬主としても未来の数百億円を数億円のレース賞金のために失いたくないというのが本音です。

このようにまだまだ勝てそうな競走馬が若くして引退する裏側には大人のお金の事情があるわけですね。

●ディープインパクトの生涯種付け料

年度	種付け頭数	種付け料	条件	受胎率（仮定）	受胎率70%で不受胎時全額返還の場合の種付け料総額
2007年	215頭	1200万円	前納、不受胎時全額返還	70%	18.06億円
2008年	232頭	1200万円	前納、不受胎時全額返還	70%	19.49億円
2009年	171頭	1000万円	前納、不受胎時全額返還	70%	11.97億円
2010年	219頭	900万円	前納、不受胎時全額返還	70%	13.80億円
2011年	229頭	1000万円	前納、不受胎時全額返還	70%	16.03億円
2012年	246頭	1000万円	前納、不受胎時全額返還	70%	17.22億円
2013年	262頭	1500万円	前納、不受胎時全額返還	70%	27.51億円
2014年	255頭	2000万円	前納、不受胎時全額返還	70%	35.70億円
2015年	261頭	2500万円	前納、不受胎時全額返還	70%	45.68億円
2016年	243頭	3000万円	前納、不受胎時全額返還	70%	51.03億円
2017年	241頭	3000万円	前納、不受胎時全額返還	70%	50.61億円
2018年	197頭	4000万円	前納、不受胎時全額返還	70%	55.16億円
2019年	24頭	4000万円	前納、不受胎時全額返還	70%	6.72億円
合計					368.97億円

※競馬ブック「日本の種付料情報」を基に作成
https://p.keibabook.co.jp/db/tanetuke
※受胎率は70%と仮定

受胎率が70%だと仮定すると約370億と推定できる

これ以上強い
馬がいるのか
by 武豊

伝説の競走馬
ディープインパクト

しかし、
若くして引退

↓

現役を続けていれば
もっと活躍して、賞金
億超えのレースでの
優勝もしていたはず…

競走馬のピーク

4～5歳

ディープインパクトは
早く引退

でも

優秀な競走馬は
引退後に種牡馬として
現役時代の数十倍稼ぐ!?

ピーク時の種付け料
1回4000万円

多いときは
年間200頭超へ種付け

ディープインパクトの生涯での
種付け料は約**370億円**
(受胎率を70%と仮定)

現役時代には…
- 一年当たりの賞金は約7.3億円
- レース出場はケガのリスクも

なぜ格闘技は地上波で放送しない方がファイトマネーを高くできるのか？

スポーツ中継の視聴は有料化が進んでいる

キックボクシングでは那須川天心と武尊の世紀の一戦。総合格闘技では朝倉未来とメイウェザーのエキシビションマッチ。ボクシングでは村田諒太とゲンナディ・ゴロフキンのWBA・IBF世界ミドル級王座統一戦、そして井上尚弥のノニト・ドネアとのWBA・IBF・WBC世界バンタム級王座統一戦やポール・バトラーとの4団体統一戦。いずれも話題になった試合でしたが、これらの試合にはある共通点があります。**これらの試合は全てPPV（ペイ・パー・ビュー）かAmazonプライムなどのサブスクサービスでしか見ることができませんでした。**これまで日本は良質な無料放送が強い国として有名でお金を払ってテレビを見る習慣がありませんでした。しかし、**ここ数年で日本人にもお金を払ってスポーツ中継を視聴する文化が浸透**し始めました。

高額のファイトマネーを地上波の放映権料ではまかなえなくなってきている

これまで無料で見ていた格闘技中継で有料化の流れが進んだのはなぜか？　理由は大きく2つあります。1つ目は、**コロナ禍に伴う消費行動の変化**です。2020年初頭に世界中で新型コロナウイルスの感染が拡大し、いわゆる〝巣ごもり消費〟が増加しました。これまで**外食や娯楽に使っていたお金を自宅で手軽に楽しめる有料動画配信サービスに回す傾向が高まりました。**この傾向は日本に限らず世界的に広がっており、**Ａｍａｚｏｎプライム、ネットフリックス、ディズニープラス、スポーツ専門のＥＳＰＮ＋など、あらゆる有料動画配信サービスがコロナ禍で会員数を増加させました。**長期間におよぶ巣ごもりの影響で、この消費行動は行動規制が無くなった今でも定着しています。私自身、那須川天心と武尊の試合がＡｍａｚｏｎプライムなどのサブスクを除けばＰＰＶデビューでしたが、以前と比べてスポーツ中継を有料で見ることに対する抵抗が無くなったと思います。

もう一つの理由は、**高額のファイトマネーを地上波の放映権料ではまかなえなくなってきていること**です。2018年の大晦日に開催された那須川天心とメイウェザーのエキシビジョンマッチで、メイウェザーのファイトマネーは11億円だったとも言われていますが、メイウェザーに限らず海外の選手に合わせて日本人選手のファイトマネーも高額になってきており、億を超えることも珍しくなくなってきました。大会の興行収入はチケット収入や冠スポンサーからのフィー、グッズ販売の他に大きな大会だと地上波の放映権料が重要な収入源になっていました。しかし、格闘技バブルだった2000年代初頭でも放映権料は1億円程度だったようで、昨今の娯楽コンテンツ多様化時代の中、テレビ広告は伸び悩んでおり、高騰するファイトマネーを捻出することが難しくなってきています。

注目のカードであれば地上波よりもPPVの方が興行収入は多くなる

電通が発表している広告費の統計をまとめたサイトを見ると、テレビ広告は2021年はコロナ禍で落ち込んだ2020年と比較すると改

●日本の広告費の推移

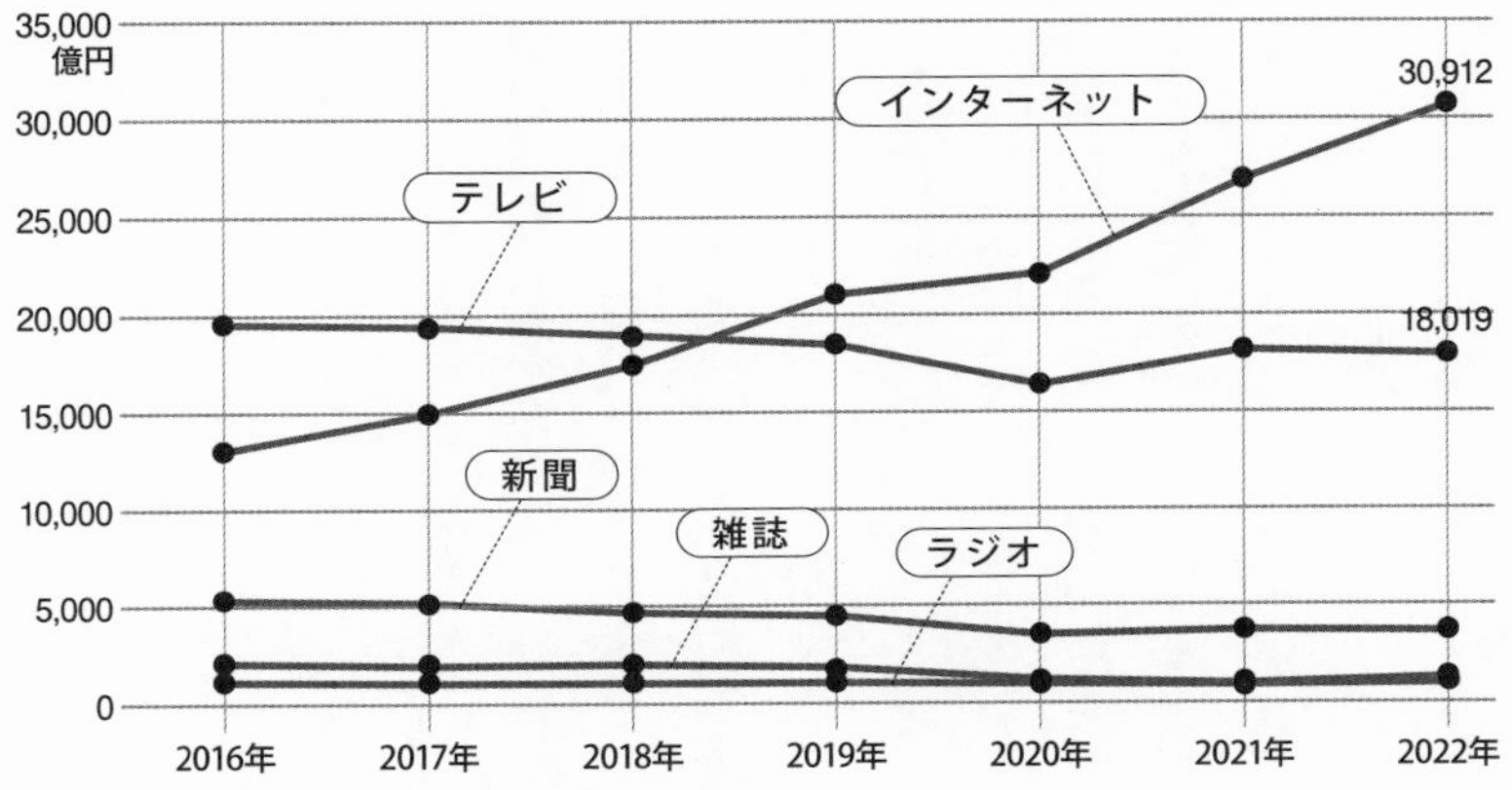

出典：メディアレーダー「日本の広告費の媒体別推移グラフ」
https://media-radar.jp/contents/meditsubu/ad_cost/

●那須川天心と武尊の一戦はPPVで約27億円の収入

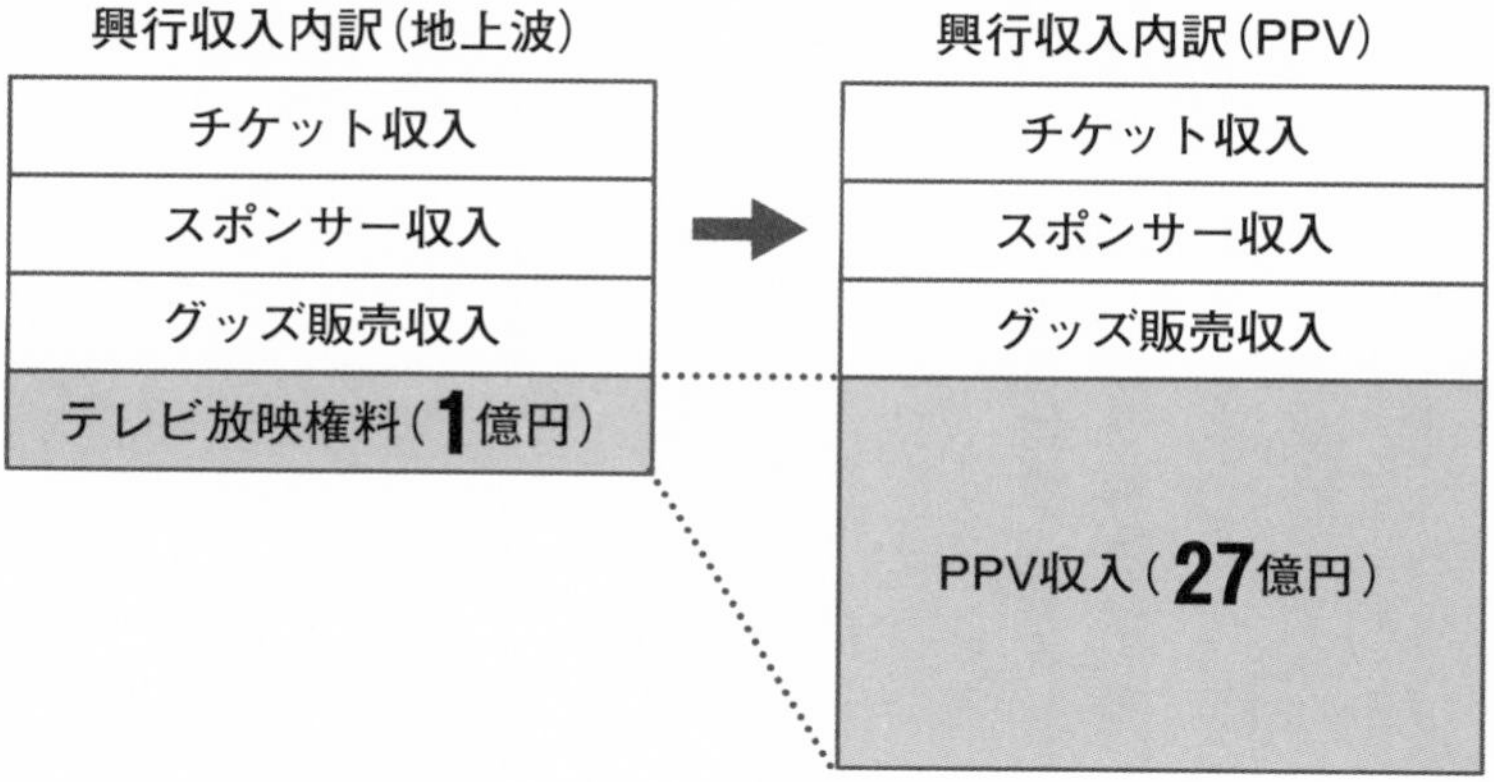

善していますが、長期的には微減傾向が続いています。ＰＰＶであれば視聴者が増えれば放映権料を大きく上回る収入を上げることができます。ＡＢＥＭＡが独占配信した那須川天心と武尊の世紀の一戦ではＰＰＶに50万件以上の契約があり、約27億円の収入がありました。村田諒太とゴロフキン戦で村田のファイトマネーが日本ボクサーとして当時史上最高の6億円であることが話題になりましたが、プロモーターは「地上波ではできなかった。アマゾンのおかげ」とコメントしています。このコメントからもビッグマッチであれば地上波よりも有料配信サービスの方が収入が大きいことが分かります。もし仮に地上波で放送することになっていればほとんどの人は無料の地上波を選びます。どうしても見たい試合が無料の地上波で放送されない

からこそ有料ＰＰＶを購入し、その結果巨額なファイトマネーを支払うことができるようになるのです。

格闘技の試合はいつ終わるか分からないため、地上波だと放送の尺の問題もあり、元々ネット経由の動画配信の方が向いています。そういう点からも今後はますます有料配信サービスで視聴することが一般的になってくるのではないでしょうか。しかし、有料配信にも課題があります。それは当然ながら無料の地上波と比べて視聴者数が減ることです。視聴者が減れば、競技の普及にも悪影響が出ますし、放送を見たことをきっかけにやってみようと思う未来のスターが生まれなくなることです。那須川天心は武尊との一戦が地上波での放映が無くなった際に「お金のためじゃねえんだよ 未来のためにやってんだよ 子供たちはどうすんだよ」とツイートしていましたが、お金に余裕のある人だけでなく、多くの子供に夢を与えるエンターテインメントにしたいという気持ちの表れなのでしょう。

なぜプロレスラーの生活はプロボクサーより安定しているのか？

プロボクサーは世界チャンピオンにならないと本業で食べていけない

日本でもお馴染みのボクシング元5階級制覇の伝説ボクサー、フロイド・メイウェザー。スポーツ選手長者番付1位を獲得するなど大金を稼ぎ、高級車・高級腕時計を自慢をするなど露骨な金持ちアピールをすることが多いため、「Ｍｏｎｅｙ(金の亡者)」と呼ばれています。

これだけ聞くと、ボクシングはそんなに儲かるのか……、と思われるかもしれません。事実、**メイウェザーのマニー・パッキャオ戦のファイトマネーは200億円**と驚くべき金額でした。軽量級史上最大の一戦と言われた**井上尚弥のスティーブン・フルトン戦はファイトマネーの合計が10億円（そのうち井上が6億円との噂あり）**と言われ、日本人ボクサーでも実力・知名度ともに抜群であれば巨額なお金を得ることができます。

しかしプロボクサーの中でも巨額なお金を手に入れられるのはほんのわずかです。

プロボクサーにはサラリーマンのように定期的に団体やジムから給料をもらう仕組みはありません。プロボクサーの収入は基本ファイトマネーのみです。

ジム規模やチケットの販売、防衛回数やテレビ中継の有無によっても異なりますが、ランクによるファイトマネーは下記のような相場となっております。想定年収は年間試合数を3～5回として計算しています。

これを見てもらうと分かるように、一般のサラリーマン並みに稼ぐためには最低日本チャンピオンクラスになる必要があります。しかし、怪我のリスクや保障がないことを考えると、本業一本でやっていくためには世界チャンピオンにならなければ難しいのです。実際、プロボク

●ファイトマネー相場と想定年収

ランク	ファイトマネー	想定年収
世界チャンピオン	1000万円～	3000万円～
日本チャンピオン	100万円～	300万～700万円
日本ランカー（10位以内）	30万～100万円	100万～500万円
A級ボクサー（8回戦）	15万～50万円	50万～250万円
B級ボクサー（6回戦）	10万～30万円	30万～150万円
C級ボクサー（4回戦）	5万～10万円	15万～50万円
新人のC級ボクサー（4回戦）	3万～4万円	10万～20万円

※kencoco「ファイトマネーの仕組みとは」を基に作成
https://kencoco.com/media/articles/72a7825d-77fc-4de8-8bc4-e0db5148e8ed

サーがバイトを辞めるのは世界チャンピオンになってからが多いようです。つまり世の中のほとんどのプロボクサーは本業だけでは食べていけずバイトで生計を立てているわけですね。

プロレスラーは団体から定期的な報酬がもらえるためプロボクサーより生活が安定している

一方で同じプロ格闘技でもプロボクサーと比べて生活が安定しているのがプロレスラーです。もちろん、一般のサラリーマンと比較すれば遥かに不安定ではありますが、本業だけで生活している比率はプロボクサーよりも高いです。

その理由はプロボクサーのような試合ごとのファイトマネーではなく、所属団体から定期的に報酬が支払われる仕組みであることが大きいです。プロレスラーの報酬は非公開という暗黙の了解があるようですが、かつての新日本プロレスのエースであり「闘魂三銃士」の一人である武藤敬司選手は『生涯現役という生き方』という著書の中で全盛期の年収が6000万円だったことを語っています。またある程度の固定ファンがついているようなレスラーであれば年収1000万円以上はザラにあるようです。下積み時代は報酬がほぼないことが多いようですが、住む場所と食事だけは団体に用意してもらえるため贅沢はできませんが生活に困ることはありません。そのような報酬体系や育成システムの違いからプロレスラーの方がプロボクサーと比較して生活は安定しやすいといえます。

プロレスラーの年間試合数はプロボクサーの30倍

このような報酬体系の違いはどこからくるのでしょうか？　それは年間の稼働率の差があります。前述したようにプロボクサーの年間試合数は3～5試合です。一方プロレスラーの年間試合数はというと、〝レインメーカー〟の異名を持つ新日本プロレスのエース、オカダカズチカ選手の年間試合数は多い年で130～140試合です。全国巡業をするような大手のプロレス団体の興行は年間100を超え、トップレスラーは年間100試合以上をこなすことは珍しくありません。プロレスの人気が絶頂だった1980年代には一日2回のダブルヘッダーも珍しくなく、年間300もの試合をしていたようです。

このようにプロボクサーとプロレスラーでは年間の稼働が大きく異なります。ボクシングジムのように多くのアマチュアも含めたジムの月会費がないプロレス団体は興行で稼がないと経営が成り立たないので、数多くの興行をしなければいけません。格闘技の聖地と言われる後楽園ホールの2023年10月の興行を見るとプロレス17興行、プロボクシング6興行とプロレスの方が多いです。なおプロレスは団体のバスを使って地方巡業をしていることもあり、地方に行くほどプロレスの比率は高まります。

収益構造や稼働率、そこから支払われる選手の報酬などの違いにより、プロレスラーの生活はプロボクサーより安定しているといえます。

プロボクサー
プロレスラー
収入
ファイトマネーのみ
所属団体から定期的に支払われる
育成
ジム代は自分で払う
住む場所も食事も団体が用意してくれる
年間稼働率
年間3〜5試合
トップレスラーは年間100試合超こなすことも
安定
ケガのリスク等も考えると世界チャンピオンにならないと本業一本の生活は難しい？
固定のファンがついていれば年収1000万円以上はザラ
But
ひと握りのトップは巨万の富を得る
ex
メイウェザーのマニー・パッキャオ戦は…
ファイトマネー200億円
プロレスラーの生活はプロボクサーに比べると安定していて、本業一本で生活している比率も高い

なぜ大谷翔平は年収91億円で、なでしこジャパンの選手はアルバイト生活なのか？

大谷選手の年収はメジャーリーグ史上最高の91億円

ＷＢＣ（ワールドベースボールクラシック）で侍ジャパンの世界一に貢献し大会ＭＶＰにも選ばれた大谷翔平選手。メジャーでも次々に偉業を成し遂げ、世界屈指のプロ野球選手となっています。

大谷選手の2023年の選手としての年俸は3000万ドル（約42億円）、グラウンド外のスポンサー収入など3500万ドル（約49億円）、合計6500万ドル（約91億円）となりメジャーリーグ史上最高の収入を得ています（※1ドル140円で計算）。

大谷選手は今シーズン後にフリーエージェント（ＦＡ）となり、年俸が跳ね上がることが予想されていることから年収100億円も射程に入ってきたといえます。

野球一つでメジャーの中心選手になり、100億円近い年収を得るなんてとても夢のある話ですね。今回のＷＢＣ日本代表メンバー30人の年俸総額は１４８億１６００万円とアメリカ代表メンバーの約４６９億４６５０万円には及ばないものの、一人平均約5億円と一般のサラリーマンでは考えられない金額の報酬を得ています。

女子プロサッカーリーグは年俸1000万円の選手をやっと輩出

しかし、同じように世界の頂点に立つほどの技術を持っていても、経済的にあまり報われない選手もいます。２００８年の北京オリンピック頃から「なでしこジャパン」の愛称で親しまれているサッカー女子日本代表。２０１１年のＦＩＦＡ女子ワールドカップで優勝し、国民栄誉賞を授与され、「なでしこジャパン」が流行語大賞に選ばれるなど一躍時の人（たち）となりました。

しかし当時、連日テレビに引っ張りだこだったなでしこジャパンのメンバーでは、アルバイトで生計を立てているメンバーも多くそちらも話題になりました。

２０２1年9月より女子初のプロリーグである「ＷＥリーグ」が開幕し、選手の待遇向上が期待されています。しかし各チームとも資金的な余裕はなく、プロ契約選手の最低年俸は270万円と規定されていますが、創設2年目で初めて年俸1000万円を超える選手を出したことが話題になるほど選手の年俸は低いです。ＷＥリーグのチームに所属する選手が全てプロ契約を結んでいるわけではなく（1クラブ15人以上のプロ契約選手が必要という規定がある）、所属選手の中にはアマチュア選手として引き続きアルバイトをしているメンバーもいるようです。

WEリーグ初代理事である安本卓史氏がレギュラークラスには500万円以上は払いたいとコメントしているところからも資金的な内情はとても厳しいと予想されますね。

選手の年俸は市場規模に比例する

それにしても同じ世界トップクラスのプレーをしていながら、大谷翔平選手のように年俸90億円以上も稼ぐ人もいれば、アルバイトで生計を立てないといけない人もいるのでしょうか？

その違いは**競技の市場規模の大きさ**にあります。

経済誌のフォーブス誌によると**メジャーリーグベースボール（MLB）は2022年シーズンの総収入（市場規模）は108億〜109億ドル（約1・5兆円）**に達し、これまで最高額だった2019年シーズンの107億ドルを上回ったようです。

日本のプロ野球（NPB）では球団によって業績が非公開なため詳細は不明ですが

2018年シーズンの総収入が約1800億円という推計があります。日米プロ野球でも約8倍の格差がありますね。

一方で、女子プロサッカーリーグであるWEリーグの市場規模はどうなのか？ WEリーグ【2022-23シーズン予算方針】によると事業規模約12億円となっております。つまり、メジャーリーグの1200分の1以下、日本プロ野球の150分の1ということが分かります。

選手の年俸はリーグ全体の収益から支払われます。メジャーリーグの平均年俸は2022年で422万ドル（約5億9000万円）、2023年の日本プロ野球の平均年俸が4468万円、そして各種情報からWEリーグの平均年俸が

●各リーグの市場規模と選手の平均年俸推計

	MLB	NPB	WEリーグ
市場規模	1兆5000億円	1800億円	12億円
平均年俸	5億9000億円	4468万円	300万円

※2022-23WEリーグ総括「2022-23シーズン事業計画・予算方針」を基に作成
https://weleague.jp/files/upload/202306/21_185616.pdf
※ダイヤモンドザイ「日米のプロ野球のおカネ事情をスポーツ経営学の権威・小林至さんが解説！メジャーリーガー・大谷翔平選手の年俸が、日本の1球団の"総年俸"を上回る理由とは？」（2022年12月6日公開）を基に作成
https://diamond.jp/zai/articles/-/1009447
※フォーブス「MLB、2022シーズンの総収益が史上最高記録を更新」（2023年1月18日公開）を基に作成
https://forbesjapan.com/articles/detail/60075

300万円程度と推測されることから、選手の年俸が市場規模によって差がついていることが分かります。

大谷選手があれほど稼げるのは〝野球という競技を選んだから〟

お金の面だけで考えると本当に稼ぎたかったら市場規模の大きな競技を選ぶ必要性を感じます。大谷選手がなぜあんなに稼げるのかは、単純に二刀流としてメジャー屈指の成績を残しているからではなく、〝野球という競技を選んだから〟ともいえますね。

一方で我々に夢を与えてくれたなでしこジャパンのメンバーにも経済的に報われて欲しいと思います。

この市場規模の考え方は新規事業や新製品・新サービスを検討する上でも重要な観点です。**シェアがナンバー1になった際にどれくらいの売上・利益が見込めるのか？　そのためにどれだけの投資の必要なのか？**　などの視点から参入すべきかどうか検討します。中小企業では大企業が参入しないニッチな市場を狙うことが一つのセオリーとなっていますが、それは**売上1兆円の会社が10億円の市場には参入しないから**です。

なぜレッドブルは巨額な資金が必要なF1チームの運営ができるのか？

F1チームとして圧倒的な強さを誇るレッドブル

「24時間戦えますか」と聞くと令和の世の中ではろくでもないブラック企業というイメージを持たれるかもしれません。しかしバブル全盛の1988年に企業戦士のための栄養ドリンクとして発売されたリゲインのCMソング『勇気のしるし』はこの「24時間戦えますか」というフレーズがウケて60万枚の大ヒットを記録し、「24時間戦えますか」はその年の流行語・銅賞にも選ばれました。

この栄養ドリンク業界において近年存在感を増しているのがレッドブルやモンスターのような〝エナジードリンク〟。私も仕事で疲れが溜まった際にはリフレッシュのために愛飲しています。

このエナジードリンクが栄養ドリンク市場以外で存在感を増しているのが、モータースポーツ業界です。エナジードリンク企業であるレッドブルは2005年からレッドブル・レーシングとしてF1に参戦しています。レッドブルの凄いところは単なるスポンサーではなく、レーシングコンストラクターとしてチームを運営しているということです。フェラーリやメルセデスのような世界的なメーカーと肩を並べて、2022年シーズンには22戦中17勝を挙げる圧倒的な強さを見せ、2023年シーズンも大差をつけてコンスタラーズタイトルを獲得しました。バイクレースの最高であるモトGPにも同じくエナジードリンクのモンスターと一緒にスポンサーとして参加しています。

F1チームの運営には巨額な資金が必要

F1のチーム運営というのはとにかくお金が掛かります。2021年から予算上限(budget cap)が決められ、2023年は基本ベースが1億3500万ドル(189億円)に決定しました(※1ドル140円で計算)。基本ベースにはプロモーション関連のマーケティング費用やドライバーの年俸及び旅費と宿泊費、従業員のボーナスなどは含まれないため、実際の負担は更に大きいものになります。かつてはトップチームで600億円以上の資金を投じていたと言われているので、以前よりはマシになっていますが、それでも巨額な資金が必要なのは変わりありません。

世界一の自動車メーカーであるトヨタ自動車もリーマンショックのタイミングで撤退し、

参戦と撤退を繰り返しているホンダも今後のカーボンニュートラル等の環境対策やその技術の向上へ全力を注ぐという理由で2021年に撤退しています（その後、2023年5月に2026年復帰を発表）。世界的企業から見てもその負担は少なくないわけですね。

レッドブルは世界のエナジードリンク市場を席巻する超高収益企業

しかし世界的な自動車メーカーでも躊躇するような資金をどうしてレッドブルが拠出できるのか？　日本では栄養ドリンクの一つとしか見られていないレッドブル、実は世界172ヶ国で展開し、年間115億8200万缶（2022年）もの販売量を誇る世界最大エナジードリンク企業です。2022年の売上は前年比23・9％増の96億8400万ユーロ（約1兆4500億円、※1ユーロ150円で計算）と単一商品の販売会社とは思えないほどの規模になっています。

海外に行くと分かりますが、日本のような栄養ドリンクはあまりなく、疲れた時に飲むものといえばレッドブルというくらい世界の市場を席巻しています。

ちなみに2022年10月22日に亡くなったレッドブルの創業者であるディートリヒ・マテシッツは、「ニューズウィーク」に掲載されていた「日本の高額納税者リスト」の1位に大正製薬の経営者上原正吉さんの名前があったことから、この市場に目をつけたそうです。

単一商品と世界中の圧倒的なシェア、そして工場を持たないファブレス企業という超効率的な経営で2018年の営業利益率は25・8％と飲料メーカーとしては驚異的な水準となっています。

この資金を原資にモータースポーツ、サッカー、アイスホッケー、エアレース、エクストリームスポーツなど数々のスポーツイベントやチームのスポンサーになっており世界中で認知度を上げているわけですね。

●レッドブルはとてつもないお化け商品

※redbullのHPのデータを基に作成
https://www.redbull.com/jp-ja/energydrink/kaisha

第4章

なぜビットコインが高騰すると地球温暖化が加速するのか？

世の中の変化を数字で考える

なぜ最近唐揚げ店が急増しているのか？

タピオカミルクティー屋の跡地に唐揚げ店が出現

一世を風靡したタピオカミルクティー屋。小さなスペースで開業でき、設備投資も少ないため初期投資も抑えられ、原価率も低いので高い収益性を見込めます。また調理ノウハウもあまり必要なく、ちょっとした店舗なら一人で十分オペレーションできます。そういった手軽さから一時は雨後のタケノコのように大量出店していました。当時は脱サラしてタピオカミルクティー屋を始めたという人も少なくないと思います。しかし10年前に流行し店舗が増えた〝白いたい焼き〟と同じで、ブームは沈静化してきており、閉店する店も増えてきています。そのタピオカミルクティー屋の跡地に増えてきたのが〝唐揚げ店〟です。

最近はガストが、から揚げ専門店「から好し」を併設させた店舗を増やしていますし、ワタミが「から揚げの天才」という新業態を立ち上げるなど、唐揚げの存在感が増しています。日本唐揚協会の発表によると2023年3月時点の唐揚げ専門店の店舗数は推定で4388店舗。2012年の450店舗から10年余りで約10倍となったそうです。ここ1年はブーム

●全国の唐揚げ専門店推移

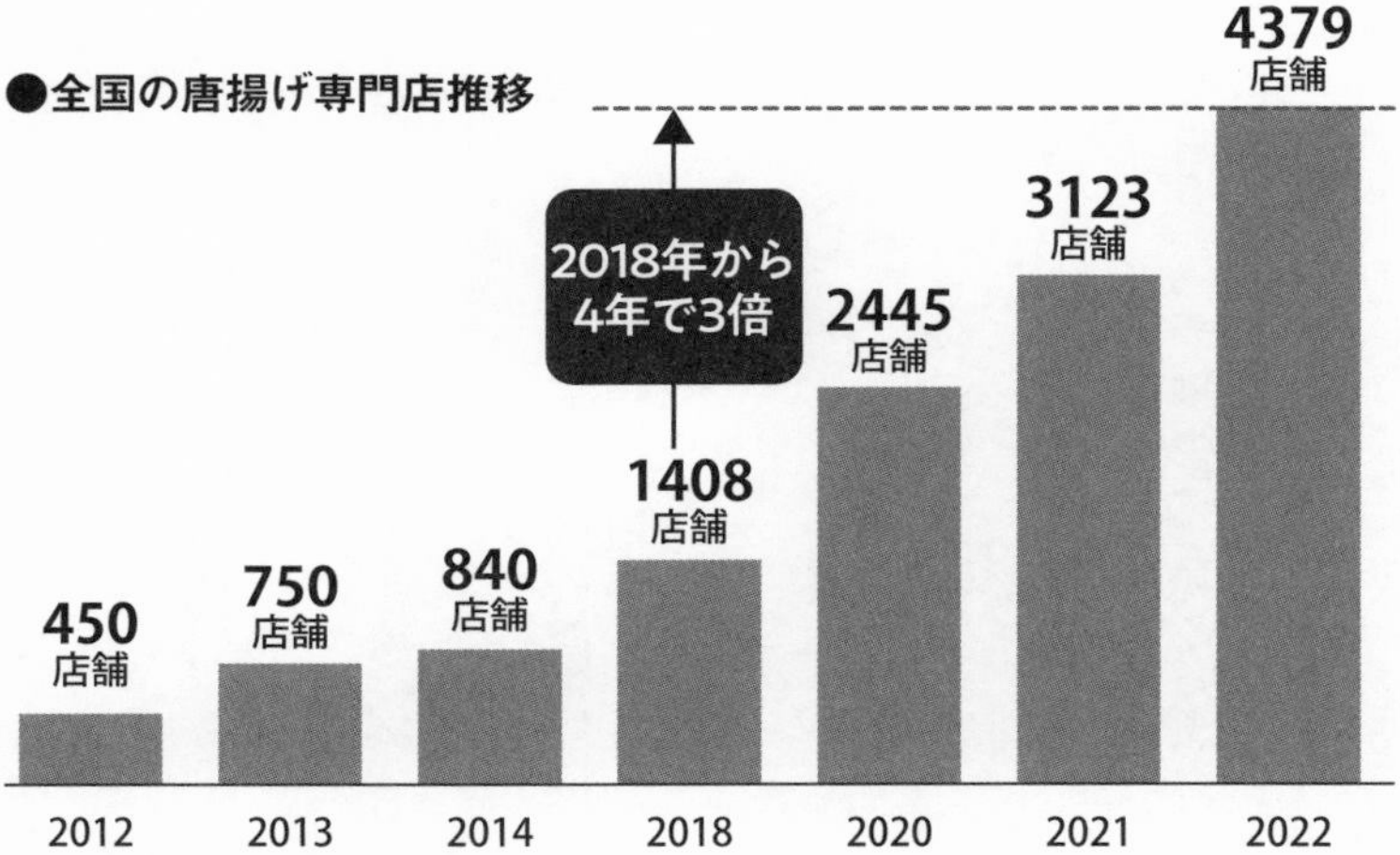

※「日本唐揚協会」資料を基に作成
https://karaage.ne.jp/

が沈静化し閉店する店もチラホラ出てきたものの、依然として増加しているようです。ちなみに数字で物事を考える際には、その数字の規模感を把握するために似たような他の数字と比較することが大事です。この場合には、同じ外食のマクドナルドは約3000店舗、吉野家が約1200店舗と聞けば唐揚げ店の多さを実感できるかと思います。

焼鳥は「串打ち三年、焼き一生」だが唐揚げは……

しかし、なぜ最近唐揚げ店がここまで増加したのでしょうか。唐揚げがご飯のおかずだけでなく、お酒のつまみや子供のおやつとして徐々に広がってきていたこともありますが、拡大のきっかけはコロナ禍でテイクアウト需要が増加したことです。前述の日本唐揚協会の発表によるとコロナ禍前の2018年の店舗数は1408店舗と、2022年の3分の1です。いかにコロナ禍で唐揚げ店が急増したのかが分かります。なぜ唐揚げ店がここまで急増したのか？　理由はテイクアウトしやすいということだけではありません。まずは低コストで運営できることです。唐揚げ専門店であれば調理器具はフライヤーさえあれば成り立ちます。そのため、初期投資が少なくて済みます。一般的に飲食店を開業する場合、開業資金が1000万～2000万円必要と言われていますが、テイクアウト専門の唐揚げ店であれば300万円程度で開業可能です。なおテイクアウト専門店であればスペースも6坪あれば運営できると言われているため家賃もそれほどかからず、ちょうど良いタイミングで同じようなスペースで運営していたタピオカ屋の居抜き物件が出ていたわけです。また近年はウーバーイーツなど宅配専門の店舗いわゆるゴーストレストランも増加してきており、立地を考慮しなくて済む分、更に家賃を下げることができます。

もう一つの理由は、オペレーションです。唐揚げは飲食店のメニューの中でもオペレーションが簡単で習熟するまでの期間が短期間で済みます。例えば同じ鶏肉を扱う焼鳥は「串打ち三年、焼き一生」という言葉もあるくらい奥が深いです。店主としてお客様に提供できるレベルになるまで少なくとも数ヶ月の修業は必要とされています。更に仕込みの時間も長く、一般的には開店の3～4時間前から仕込みを始めなければなりません。一方で唐揚げは、**美味しく揚げるコツなどは必要ですが温度と時間さえキッチリ管理すれば大きな失敗はありません。**仕込み時間もたくさんの部位がある焼鳥と比較すると種類も限られており、それほど時間も掛かりません。

このような理由から近年唐揚げ店が急増しています。**お隣の韓国では韓国風唐揚げである〝韓国チキン〟のお店が2022年時点で8万店以上も存在**しています。それだけ唐揚げのポテンシャルは高いということですね。コロナも収束し、かつてほどのテイクアウトの需要は見込めなくなりますが。ここからが唐揚げの真のポテンシャルが試される時期でしょう。

なぜビットコインが高騰すると地球温暖化が加速するのか？

ビットコインは環境負荷が大きい？

ビットコインなどの「暗号資産」（仮想通貨）と聞いて皆さんはどういうイメージを持たれるでしょうか？

〝億り人〟、〝現代の錬金術〟、〝怪しい〟などなど人によって様々だと思います。

近年では大手証券会社でも子会社を通じて取り扱いを始め、エルサルバドルでビットコインを法定通貨にするなど、世の中に浸透し始めています。

しかし、国内大手取引所コインチェックで管理されていた当時のレートで約５８０億円分もの暗号資産〝ネム（ＮＥＭ）〟が流出するなどセキュリティ面での課題もありますし、匿名性が高く違法取引に利用されやすいなどの問題点が多いのも事実です。

しかし、それ以外にも**暗号資産が抱えている大きな問題**があります。それは何かというと環境への負荷が大きいことです。

ビットコインのマイニングは莫大な電力を消費する

2021年5月、米電気自動車テスラのイーロン・マスクが、環境負荷を理由にビットコインによる決済停止を表明しました。元々テスラは2月に、ビットコイン15億ドル（当時のレートで約1650億円）相当の購入と、車両代金の支払い手段として受け入れる計画を公表。実際3月下旬から米国でビットコインによる決済に応じていましたが、たった3ヶ月で方針を転換しました。テスラは環境に優しいイメージがありますが、ビットコインは真逆の方向性だったこともあり方針転換に踏み切ったのでしょう。

一体ビットコインと環境に何の関係があるのでしょうか？

問題になっているのはビットコインマイニング（採掘）で消費している電力量が非常に大きいことです。マイニングとは採掘を意味しますが、ビットコインにおけるマイニングはハッシュ関数というものの計算作業です。この計算作業をすることでビットコインを獲得することができます。一連の計算行為が、鉱山から宝を探し当てるほど困難なことから「マイニング」と名付けられたそうです。

このマイニングには**高性能なコンピュータを大量に用意し、常に稼働させていなければいけません。**かつては個人が自宅でマイニングするレベルでも十分に収益をあげることができたようですが、最近ではマイニングの報酬が減り難易度も上がったことから、資金力のある企業が巨大なマイニング施設を作り、事業として行うことが主流となっています。

このような**巨大なマイニング施設で大量のコンピュータを稼働させる上で重要なのは電力です。この電力消費が非常に大きく環境負荷が問題になっています。**

マイニングの電力消費量は人口2・3億人が使う電力消費よりも大きい

イギリスのケンブリッジ大学がビットコインのマイニングによる消費電力量を「Cambridge Bitcoin Electricity Consumption Index（ＣＢＥＣＩ）」というサイトで公開しておりますが、この電力消費量はビットコインの相場に連動して動きます。**ビットコインの相場が上がればマイニングをする業者が増加し電力消費量が増える**ということです。図を見ていただくと分かるようにテスラがビットコインでの支払いを認める発表をした２０２１年２月にビットコインの相場は急騰。それに合わせてマイニングの電力消費も増加しました。しかし方向転換した5月には相場は暴落し電力消費量も落ち込んでいます。

●ビットコインの相場推移(ドルベース)

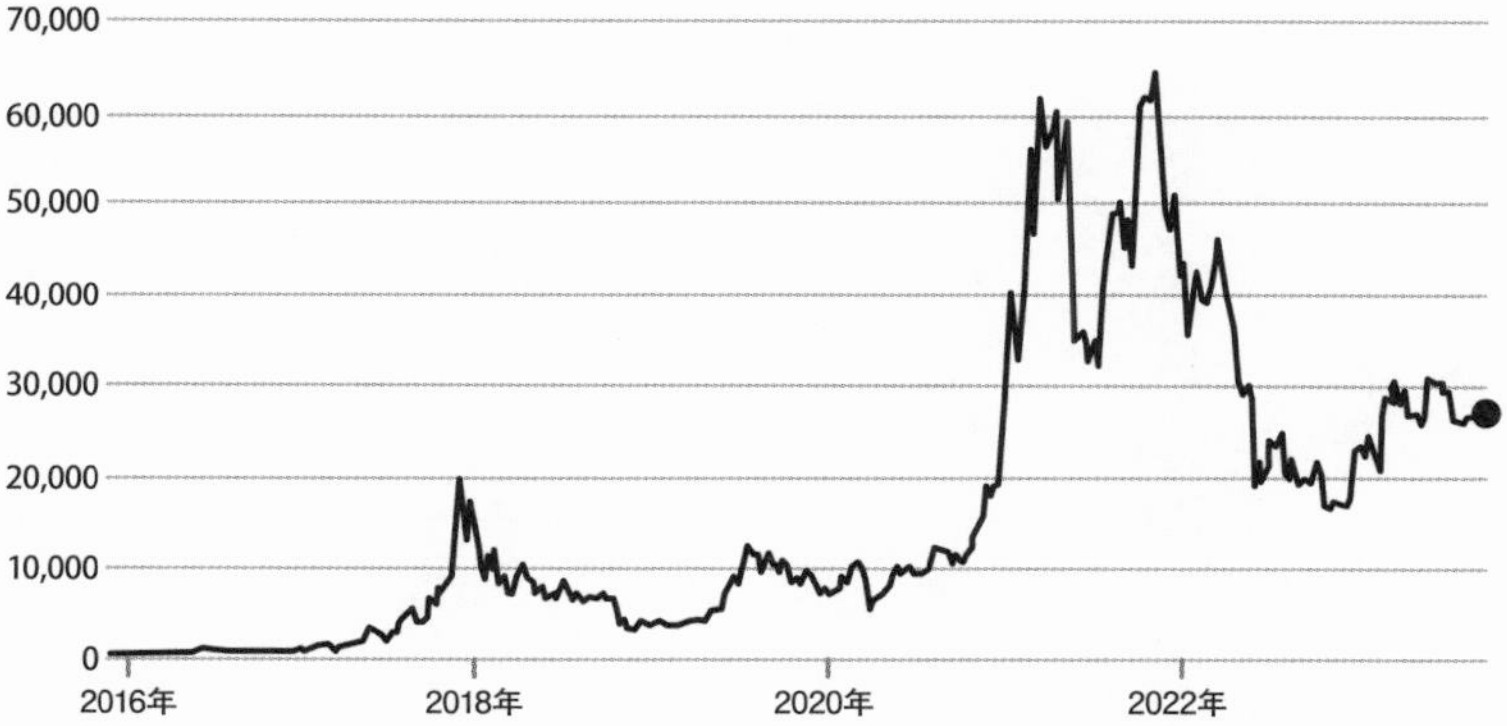

出典：https://www.google.com/finance/quote/BTC-USD?window=MAX

●ビットコインマイニングの年間換算消費量の推移

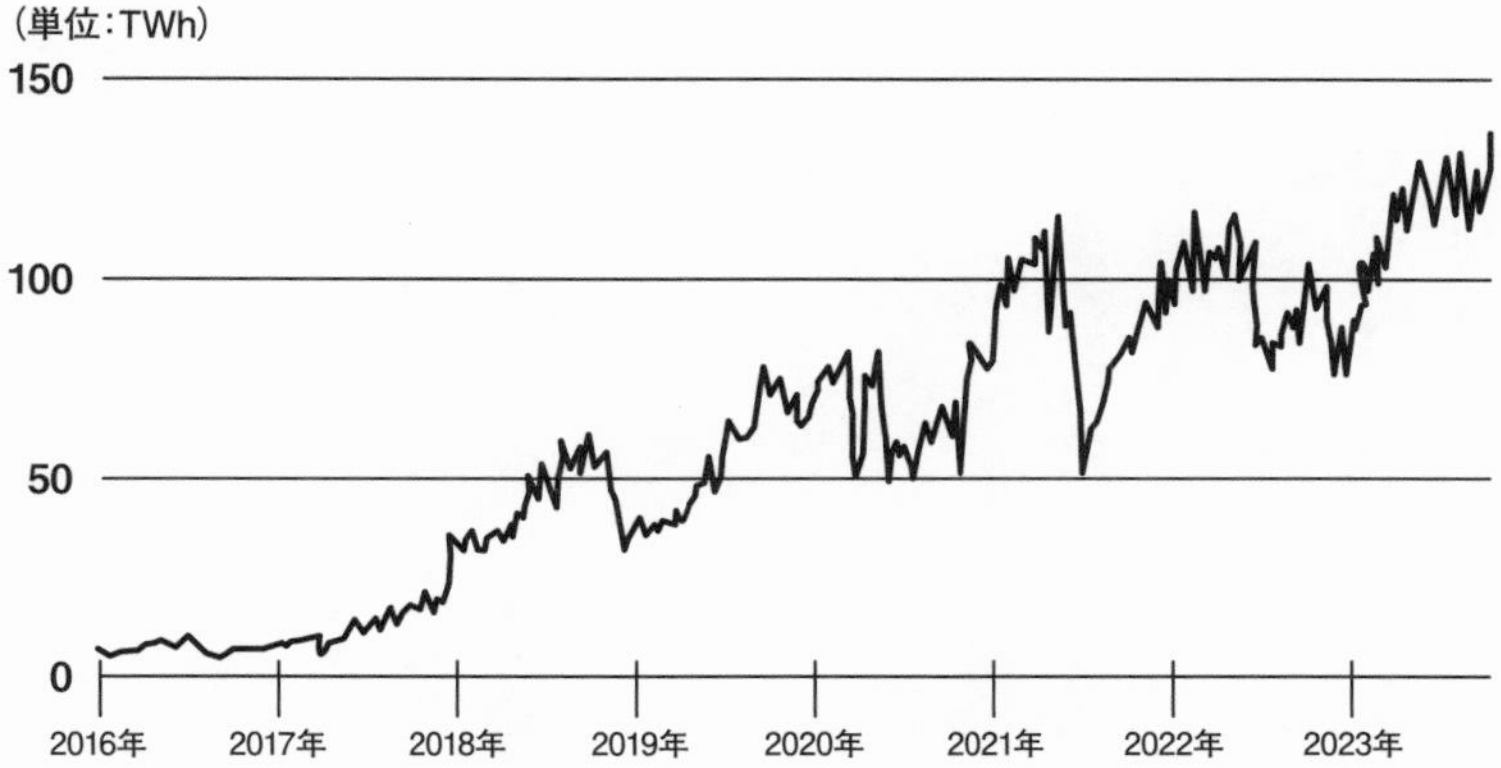

※CBECIのデータを基に作成
https://ccaf.io/cbnsi/cbpci

最近ではビットコインの相場はピーク時と比べれば落ち込んでいますが、かつてと比べて相場が安定していることもあり、マイニングの電力消費量は増えてきています。２０２３年10月時点での年間換算電力消費量は１３６ＴＷｈですが、この電力消費量はノルウェーやスウェーデン、そして人口２・３億人を抱えるパキスタンを超える量です。**全米の冷蔵庫１０４ＴＷｈ、照明60ＴＷｈと比較してもいかに多くの電力が消費されているかがうかがえますね。**同じ採掘でも**全世界の金鉱採掘の電力消費量が１３１ＴＷｈなので、本家の採掘以上**になっています。

アメリカでは水力発電所を抱える企業が電力会社に電気を売るよりもビットコインのマイニングを行う方が得だと判断し、実際にマイニングを行っていることが話題になりました。

流出事件や各国の政策転換、企業の方針転換によってビットコインの相場は乱高下しており、不安定な相場は今後も続くと思われます。しかし、**ビットコインの相場が上がればマイニングの電力消費量が増加するという動きはこれからも変わりません。**

新たなテクノロジーと決済手段が広がっていくことは良いことだと思いますが、カーボンニュートラルが人類全体の課題となっている昨今、環境負荷にも配慮した発展が望まれます。

ビットコインが高騰すると
地球温暖化が加速する!?
あつい…
テスラCEO
イーロン・マスク
環境負荷を理由に
ビットコインによる
決済を停止します
その理由は…
ビットコインのマイニングは
莫大な電力を消費するから！
マイニングとは、
ハッシュ関数の計算作業
高機能なコンピュータ
大量&常に稼働
ケンブリッジ大学の
研究データ
ビットコインの相場UP
マイニングする業者増
電力消費量増
ピーク時(2023年10月12日)の電力消費量を
年間換算すると136TWh
人口2.3億人の
パキスタン以上！
全米の冷蔵庫
104TWh
本家の採掘超え…
全世界の金鉱採掘
131TWh

なぜ都心のコンビニほど24時間年中無休営業をやめたいのか？

週末のオフィス街はゴーストタウン

東京都千代田区にある勤務先近くのコンビニ、ポプラが閉店しました。セブン&アイ・ホールディングスの本社のすぐそばという大胆な立地に所在しており、近隣のセブン-イレブンと比較してレジが混まないため個人的には重宝していた店舗です。

このポプラ、かつては24時間年中無休でしたが、閉店前には深夜と週末の営業をやめていました。ポプラは元々営業時間に対しては柔軟に対応するチェーンですが、この営業時間の短縮は都心部にある他のチェーンにとってきっと羨ましく感じたと思います。夜は眠いし週末は家族と過ごしたいから休みたいという単純な理由ではありません。それは**深夜と週末に人が居なくなり、売上が激減するからです。**なぜなら、日中の都心は通勤・通学でたくさんの人で賑わいますが、夜になると自宅のあるベッドタウンに帰ってしまうからです。週末の丸の内のオフィス街は今でこそ商業施設ができ多少の人出はありますが、かつてはゴーストタウンのようでした。

千代田区の人口は夜間に17分の1になる

日中と深夜ではどれくらい人口に変化があるのか？　国勢調査で通勤・通学で移動した人も含めた昼間人口（常住人口－流出人口＋流入人口）と、自宅がその地域にある人の夜間人口（常住人口）の統計を調査しています。

下記の表は東京都全体と特別区部（23区）、区部の中で昼夜間人口比率の高い2区と低い2区を抜粋加工した資料です。**東京全体で見ると、昼夜間人口比率は119・2と昼間人口の方が多い**ことが分かります。私は埼玉県に住み東京の

●東京都昼間人口・夜間人口・昼夜間人口比率

地　域	昼間人口	夜間人口	昼夜間人口比率
東京都総数	**16,751,563**	**14,047,594**	**119.2**
特別区部	**12,870,173**	**9,733,276**	**132.2**
千代田区	1,169,399	66,680	1,753.7
中央区	771,583	169,179	456.1
江戸川区	519,824	697,932	74.5
練馬区	543,483	752,608	72.2

※昼夜間人口比率＝昼間人口÷夜間人口
※令和2年国勢調査「表Ⅱ-2-3 昼間人口、夜間人口及び昼間人口比率－東京都特別区部（2020年）」を基に作成
https://www.stat.go.jp/data/kokusei/2020/kekka/pdf/outline_04.pdf

会社に勤務するいわゆる埼玉都民ですが、同じように居住地は都外で仕事や学校だけ東京という方が多いということですね。特別区部（23区）で見ると132・2と傾向は顕著になりますが、23区の中でも差は大きいです。**昼夜間人口倍率が圧倒的に高いのは予想通り千代田区の1753・7**です。なんと**夜間人口が昼間の人口の約17分の1まで急減**します。日中の千代田区は結構な人口が活動していますが、そのほとんどが千代田区外からの通勤・通学者であり、居住している人（夜間人口）は23区内で一番少ないです。**練馬区の10分の1にも満たない夜間人口**です。中央区が千代田区に次ぎますが、その差は圧倒的ですね。**一方の江戸**

●都道府県別　昼夜間人口比率

【比率の高い順】

順位	都道府県	昼夜間人口比率
1	東京都	119.2
2	大阪府	104.4
3	京都府	102.0
4	愛知県	101.3
5	佐賀県	100.7

【比率の低い順】

順位	都道府県	昼夜間人口比率
1	埼玉県	87.6
2	千葉県	88.3
3	神奈川県	89.9
4	奈良県	90.2
5	兵庫県	95.3

※令和2年国勢調査「表Ⅱ-2-3 昼間人口、夜間人口及び昼夜間人口比率－東京都特別区部（2020年）」を基に作成
https://www.stat.go.jp/data/kokusei/2020/kekka/pdf/outline_04.pdf

川区や練馬区は昼夜間人口比率が100を切っており、ベッドタウンとして機能していることが分かります。

都道府県ごとの昼夜間人口比率を見ても東京、大阪に周辺から通勤しているのがよく分かりますね。

千代田区で見れば深夜帯になって人口が17分の1に急減する上に、深夜は一般的に買い物に行く頻度は下がります。そう考えると、千代田区のコンビニの夜間や週末の売上は相当少ないはずです。24時間営業を巡っては人手不足の問題もありコンビニ本部とフランチャイズ加盟店の間で近年激しい攻防が繰り広げられて

●千代田区の昼夜間人口比率は1753.7

いますが、**都心のコンビニほど24時間営業はやめさせて欲しいというのが本音**でしょう。

昨今はコンビニでも無人店舗の実証実験などが進められていますが、効率的な社会を作るためにも技術革新や法整備が進んで欲しいものです。

なぜ犯罪件数が減り続けているのか？

私は若い頃、オートバイで海外を放浪していたことがあり、これまで北米、南米、ヨーロッパ、アジア、アフリカ、オセアニアなど様々な国を訪問しました。社会人になって頻度は減りましたが、今でも海外に行って異文化を体験するのは大好きです。

●殺人発生率

単位：件／10万人　出典：UNODC

順位	国名	2021年
1	ジャマイカ	52.13
2	南アフリカ	41.87
3	セントルシア	38.96
4	ホンジュラス	38.34
5	ベリーズ	31.25
12	メキシコ	28.18
13	コロンビア	27.48
14	ブラジル	22.38
22	イラク	15.40
40	米国	6.81
114	イギリス	1.00
121	ドイツ	0.83
137	韓国	0.52
139	中国	0.50
149	香港	0.31
152	日本	0.23
	世界計	5.79

出典：GLOBALNOTE「殺人発生率」
（データ更新日：2023年5月10日）を基に作成
https://www.globalnote.jp/p-data-g/?dno=1200&post_no=1697

様々な国に行ってみて改めて日本の良さを感じることが多いのですが、その一つに**治安の良さ**があります。UNODC（国連薬物犯罪事務所）の統計によると**日本の殺人発生率は10万人当たり0・23件と世界トップクラスの少なさ**となっています。

そうは言っても、最近は凶悪な犯罪の報道を見ることも多く日本の治安は以前より悪化しているのではないか？　と思う方もいるかもしれません。そのように疑問を持った際にはしっかり数字で事実を確認することが数字に強くなるコツです。特に最近ではスマホで簡単に気になった数字を調べることができるので、自分なりに仮説を立てたら気になる数字を調べてみましょう。

●刑法犯 認知件数・検挙人員・検挙率の推移（昭和21年〜令和3年）

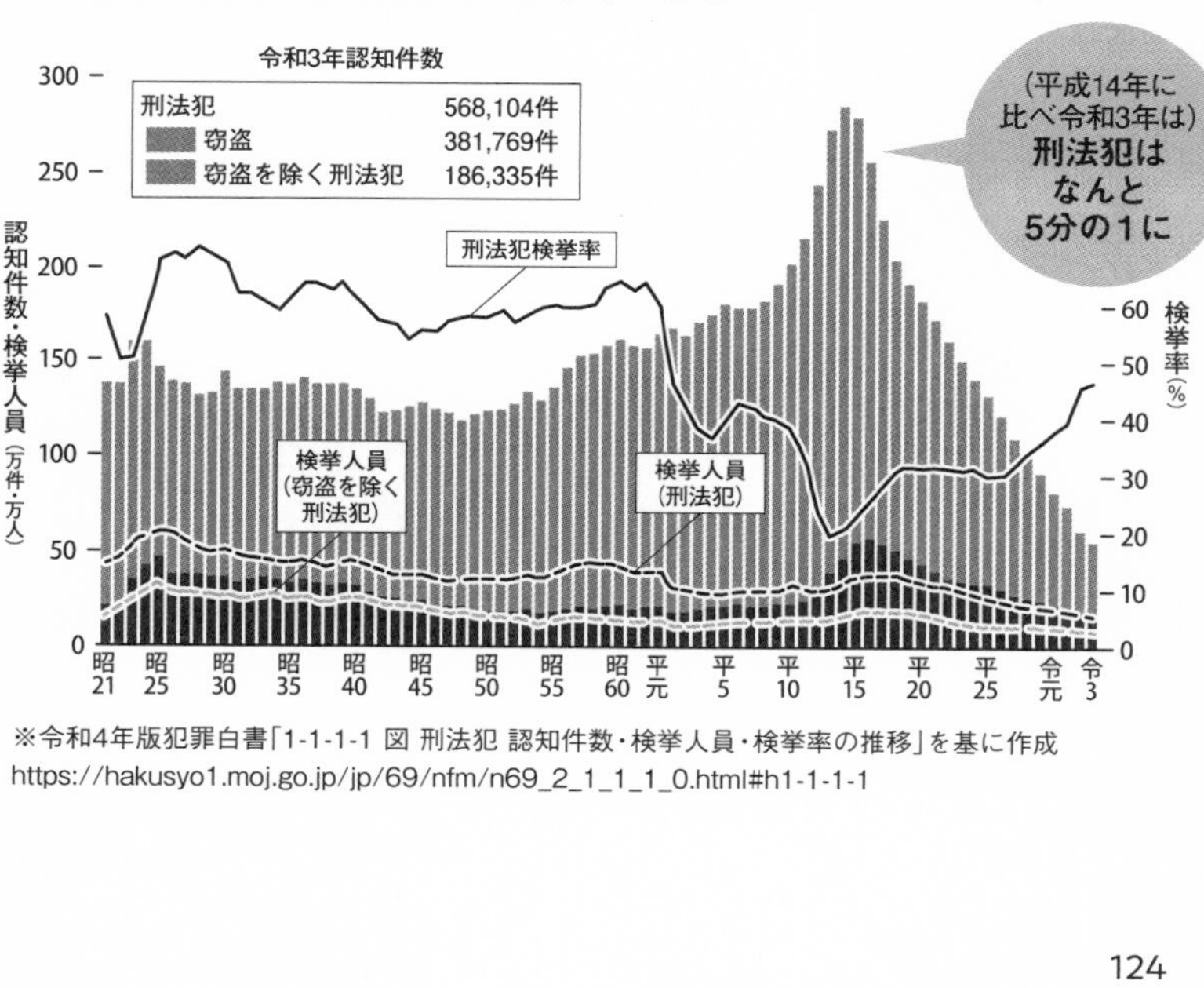

※令和4年版犯罪白書「1-1-1-1 図 刑法犯 認知件数・検挙人員・検挙率の推移」を基に作成
https://hakusyo1.moj.go.jp/jp/69/nfm/n69_2_1_1_1_0.html#h1-1-1-1

令和4年版の犯罪白書によると**日本における刑法犯の件数は平成14年をピークに減少しており、現在も毎年減少**しています。平成14年の件数が285万4061件に対して、令和3年は56万8104件となっており、**実に5分の1まで激減**しているのです。**高齢者をターゲットにしたいわゆる〝振り込め詐欺〟に代表されるような特殊詐欺も、警察や行政、金融機関の啓発活動のおかげで近年では減少傾向**にあります。

さて、このように犯罪件数が減少した要因は一体何なのでしょうか？

警察の日頃の努力や、外国人の入国管理の厳格化により外国人の犯罪者が減少したということも大きいと思いますが、特に大きな要因として考えられるのは**「防犯カメラ」の設置台数の増加**です。

近年では繁華街や通学路など多くの場所に防犯カメラが設置され、犯人の検挙と犯罪の抑止に威力を発揮しています。

かつて〝大阪名物ひったくり〟と揶揄されるほどひったくりが多かった大阪ですが、防犯カメラの設置により激減しています。**大阪府のひったくり認知件数のピークは2000年の**

1万9773件でしたが、2022年には138件と約100分の1まで減少しています。

道路にも多くのカメラが設置されており、犯行後に車で逃走した際もカメラで追跡し犯人逮捕に至るケースが増えてきています。

全国の警察が2019年に逮捕などして検挙した刑法犯19万1191件（余罪を除く）のうち、**防犯カメラなどの「画像」が容疑者特定の主なきっかけになったのは10・2%と職務質問（16・5%）に次ぐ実績**を挙げています。

防犯カメラ先進国の中国では、日本の数十倍のカメラが設置されています。

●防犯カメラ設置台数
100万台を超える国ランキング上位10か国

国名	台数（万）
中国	20,000
アメリカ	5,000
ロシア	1,350
ドイツ	520
イギリス	500
日本	500
ベトナム	260
フランス	165
韓国	103
オランダ	100

出典：DMJメディア セキュリティマガジン
https://dmji.co.jp/media/surveillance-cameras-all-over-the-country/

信号無視などの交通違反者を撮影した画像の顔写真と、当局が保有する市民の個人データを照らし合わせて本人を特定し、交差点にある大型モニター（交通違反者暴露台）に映し出し、名前や身分証番号の一部まで表示する仕組みが導入され、交通マナーが劇的に改善しているそうです。

かつては、繁華街にある防犯カメラを見て、酔っぱらった姿をカメラで監視されているなんて嫌だなとか、どんどん監視社会になってプライバシーが守られないなどネガティブな気持ちもありました。しかしこれだけ治安改善に寄与しているという現状を見ると、悪いことだけでもないですね。

なぜ不良の数が減ったのか？

不良がピーク時の5分の1に激減！

前述のお酒のことや犯罪のことを調べていると高校生の飲酒についての調査結果が出ていました。

1996年には男女とも9割近くで高校生の飲酒経験があったのに対して、2017年には3割程度まで減少しています。今の高校生は昔と比べてだいぶ健全になったのでしょうか。

考えてみるとかつて駅前やゲームセンターで見かけた不良少年の姿を見ること

●高校生飲酒経験率推移

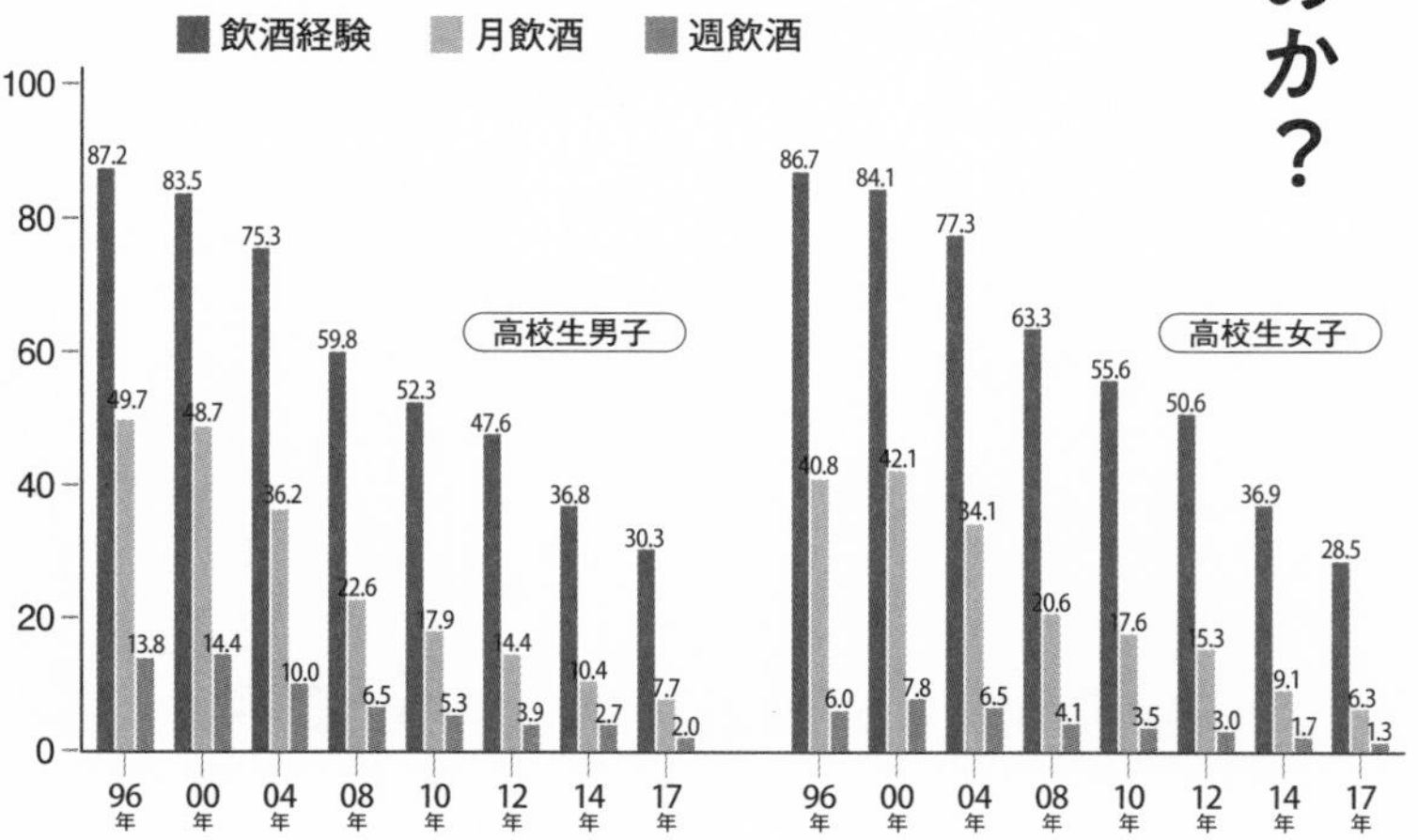

出典：厚生労働省「若者の飲酒と健康、事件・事故との関係」
https://www.e-healthnet.mhlw.go.jp/information/alcohol/a-04-002.html

がほとんど無くなりました。私が中学生の時分は隣の中学で生徒がバイクで廊下を走ったとか、他の中学に殴り込みに行ったとか、大幅に誇張されている部分があるにせよ荒れた学校が多くたくさんの不良がいました。北関東に行くとたまに暴走族のような集団を見ることもありますが、どちらかというと自分世代に近い中年がバイクに跨っていることが多い気がします。またかつて少年誌で必ず掲載されていたいわゆる〝不良マンガ〟もあまり見かけない気がしますね。少年犯罪についてニュースや報道で取り上げられることは現在もありますが、不良少年自体は減っているのでしょうか？　気になったので調べてみました。

●不良行為少年 補導人員・人口比の推移（平成14年〜令和3年）

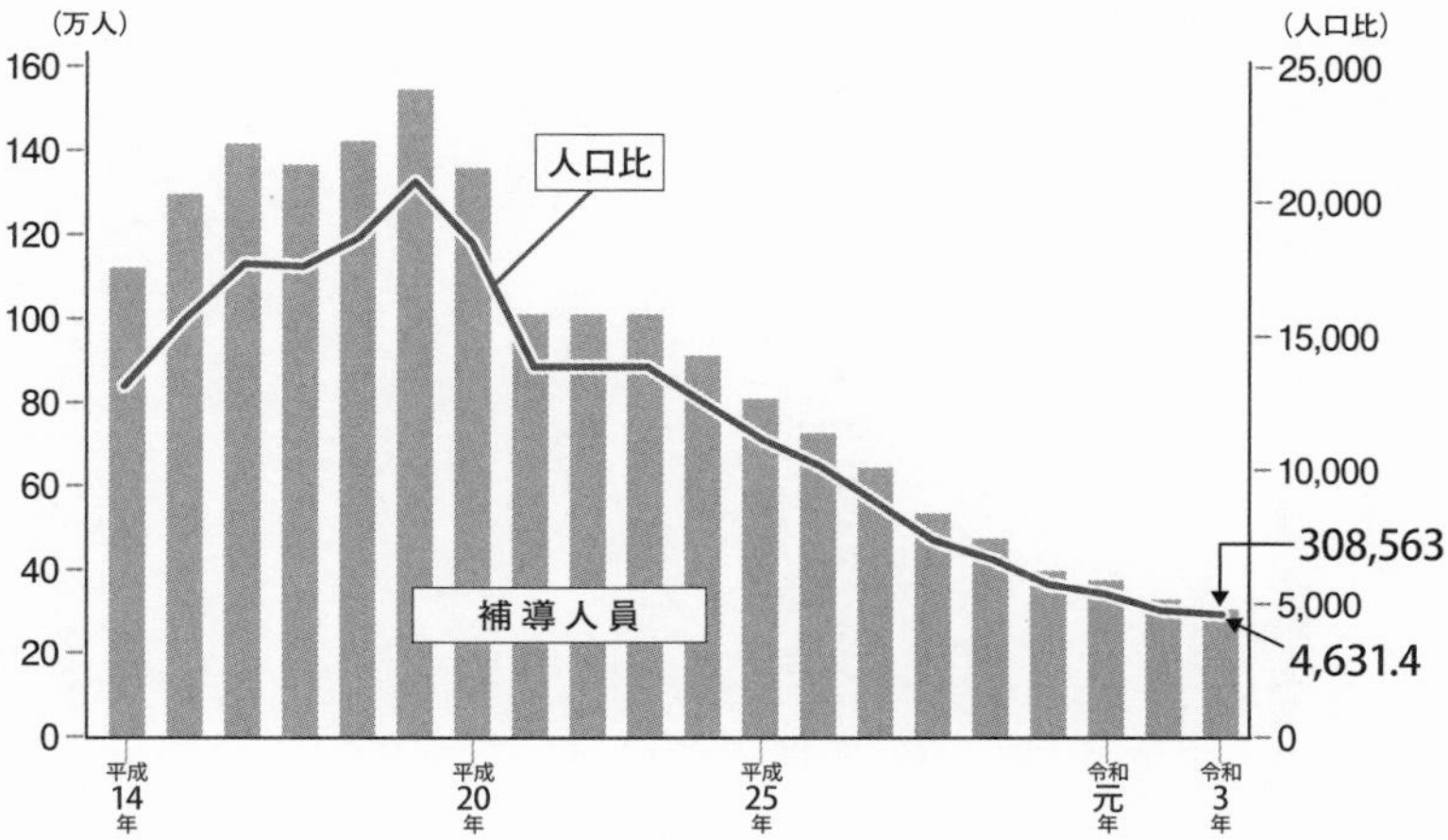

出典：令和4年版犯罪白書「第3編/第1章/第4節 不良行為少年」
https://hakusyo1.moj.go.jp/jp/69/nfm/n69_2_3_1_4_0.html

平成19年には160万人近くいた不良少年の補導人員は令和3年には30万人余りと約5分の1にまで減少、人口比で見ても約4分の1まで減っています。ある意味で不良が希少種になってきていることが分かります。

不良が激減したのはスマホの普及!?

不良が減った原因は何なのでしょうか？　不良が減った原因は4つあると思います。

まず1つ目は子供に対するきめ細かなフォローが増え、以前よりも落ちこぼれる子供が減ったことです。現在は少子化の影響で子供一人に対して見守る大人が増えましたし、学校においても相対的に教員数が増えてかつてよりきめ細かなフォロー体制ができています。不良になるきっかけの一つに勉強ができず落ちこぼれるということがありますが、昔より落ちこぼれることが減ったのではないかと思います。

2つ目としては暴力団が衰退したことがあるのではないでしょうか。暴力団、いわゆるヤクザは不良の就職先（?）の一つでもあり、憧れの対象であったと思います。その暴力団が暴力団対策法の施行により衰退し、ピークの1991年に9万人だった構成員（準構成員含む）も2022年末には2万2400人と3分の1以下に減っています。

3つ目は、**インターネットの普及**です。かつてはやることがなく、時間を持て余していた若者が街でたむろし、良からぬ行為に及んでいました。しかし現在はインターネットで気軽に映画を見たりゲームしたり、SNSでコミュニケーションを取ったりと自宅に居ても十分楽しめる環境が整っています。**意味もなく集まるよりもインターネットを通じた娯楽に興じる方が遥かに楽しい**という若者が増えたと思います。

4つ目は、**不良のイメージが悪化したこと**です。最近では暴走族のことをネット上で珍走団と揶揄することがあります。福岡県警も〝エッ！暴走族？ いいえ、珍走団です。〟というポスターを作り、暴走族に対するネガティブキャンペーンをしていた時期がありました。どちらにしても奇抜な恰好をして人に迷惑をかけるという不良がダサイものとして認識され、女子にもモテなくなったことで不良になろうという若者が減ったと考えられます。

いずれにしても不良も暴力団も減り、街が平和になることは良いことですね。

なぜ食品の自動販売機が増えているのか？

自販機でラーメン!?

最近、街を歩いているとよく見かけるようになったのが食品の自販機です。我が家の周辺でもこの1～2年で餃子やラーメン、キムチ、チョコレートなどかつてはあまり見かけなかった商品の自販機が設置されました。最近では多種多様な商品が自販機で扱われており、珍しいものでは食パン、ケーキ、お守り、お土産、釣り餌、昆虫食、コロナ検査キットなどの自販機もあります。

実は日本は自販機先進国のようで、日本自動販売システム機械工業会のHPによると、**台数こそ397万台（2022年末）とアメリカの658万台（2012年末）に負けているものの、人口当たりの設置台数は世界で一番**です。

日本でここまで自販機が普及した要因の一つに**治安の良さ**があります。海外だと盗難のリスクが高いため、屋外に設置されることは少なくほとんどが屋内に設置されています。日本では公園や道端など屋外に当たり前のように自販機が設置されていますが、確かにあの光景は日本ならではです。

全体の設置台数を見てみると意外にも長らく減少傾向が続いています。

しかし内訳を見ると、種類によって傾向に差があり特に長年減少が続いているのが未成年の購入が問題になっているお酒（前年比99・5%）とたばこ（同79・6%）です。コーヒー・ココア（カップ）も減少していますが（同95・5%）、コンビニコーヒーの増加が影響していそうです。一方で前述した食品（同106・7%）、そして食

●年別普及台数

年	普及台数（台）	前年比（%）
2011（平成23）	5,084,340	97.6
2012（平成24）	5,092,730	100.2
2013（平成25）	5,094,000	100.0
2014（平成26）	5,035,600	98.9
2015（平成27）	5,001,700	99.3
2016（平成28）	4,941,400	98.8
2017（平成29）	4,271,400	86.4
2018（平成30）	4,235,100	99.2
2019（令和1）	4,149,100	98.0
2020（令和2）	4,045,800	97.5
2021（令和3）	4,003,600	99.0
2022（令和4）	3,969,500	99.1

長らく減少傾向が続いています

※日本自動販売システム機械工業会「自動販売機普及台数」（2022版）を基に作成
https://www.jvma.or.jp/information/fukyu2022.pdf
※2017年の台数減については「日用品雑貨自動販売機」の統計機種再考による。

●自販機普及台数

機種	中身商品例	生産台数(台)	前年比(%)
飲料自動販売機	清涼飲料(缶ボトル)	1,994,000	99.7
	乳飲料(紙パック)	100,400	99.4
	コーヒー・ココア(カップ)	128,000	95.5
	酒・ビール	20,300	99.5
飲　料　小　計		2,242,700	99.5
食品自動販売機	インスタント麺・冷凍食品 アイスクリーム・菓子他	77,700	106.7
たばこ自動販売機	たばこ	92,330	79.6
券類自動販売機	乗車券	14,200	98.6
	食券・入場券他	48,900	101.9
券　類　小　計		63,100	101.1
日用品雑貨自動販売機	カード・衛生用品・新聞・玩具他	201,500	99.3
自　動　販　売　機　合　計		2,677,300	98.8
自動サービス機	両替機	63,500	99.1
	自動精算機(駐車場・ホテル・病院他)	157,700	98.7
	その他(コインロッカー・各種貸出機他)	1,071,000	100.0
自　動　サ　ー　ビ　ス　機　小　計		1,292,200	99.8
合　　計		3,969,500	99.1

コーヒーの
減少はコンビニ
コーヒーの
増加が影響

お酒と
たばこの
自販機が
長年減少

※日本自動販売システム機械工業会「自動販売機普及台数」(2022版)を基に作成
https://www.jvma.or.jp/information/fukyu2022.pdf

券・入場券他（同101・9%）は増加傾向にあることが分かります。

食券・入場券の自販機が増えているのは、肌感覚としても納得できます。かつて飲食店で食券というと牛丼の松屋くらいでしたが、最近はラーメン屋をはじめ多くの飲食店で食券の自販機である食券機が導入されています。食券機を利用する立場としては、後ろに人が並んだ際にプレッシャーを感じてじっくりメニュー選ぶことができなくなるため、あまり嬉しい仕組みではありません。しかし店側からすると食い逃げや食後に財布を忘れてお金が無いという状況を避けられること、そして何より昨今の人手不足対策のために導入が進められているのでしょう。

食品の自販機が増加したきっかけはコロナ禍です。ご存じの通り、コロナ禍で外食需要は激減しました。一方で増加したのはテイクアウト需要です。外食企業はコロナでの売上減少を補うためにテイクアウトを増やし、その一環で自販機も活用されるようになってきました。自販機の場合は、営業時間も関係なく24時間販売できるので店舗側もメリットが大きいようです。また外食から自販機を含めた無人販売への業態転換は「事業再構築補助金」の対象にもなるため、補助金を活用して食品の自販機を設置した企業も多いようです。更には前述したように外食業界では人手不足が深刻化しており、人手確保が不要という理由も自販機への転換を後押しした部分も多いと思います。

食品の自販機は出始めたばかりの頃は、こんなものを自販機で⁉　という違和感がありましたが慣れると結構便利なものです。日本国内ではコンビニの店舗数が多く商品も充実しているため、食品を自販機で購入するという習慣はあまりありませんでした。その結果、飲料を中心とした自販機の台数は世界有数ですが、食品の自販機という部分では後進国となっています。オンラインミーティングと一緒でコロナ禍をきっかけに広く使われるようになってきており、今後も増加していくのではないでしょうか。

なぜペットボトルのコーヒーが増えたのか？

昔からコーヒーが好きで、365日毎日飲んでいます。量も毎日1ℓ以上飲んでいると思います。ただ、たくさん飲んでいるからといって別にこだわって研究しているわけではないので、別に知識も無く節操なく飲んでいます。

そんな私が自宅以外に居る際にほぼ毎日飲んでいるのがペットボトルコーヒーです。ちょっと薄味でお茶代わりにちょうど良いので、会議中も資料作成中もだいたい机の上に置いてあります。よく訪問する顧問先企業では、特にリクエストしているわけではないのですが訪問するとだいたい机に用意されており、冷蔵庫に大量にストックしてもらっています。

全国清涼飲料連合会の資料によると**現在、清涼飲料の容器別生産量はペットボトルが8割程度のシェア**を占めています。

軽くて持ち運びやすく密閉性に優れており、蓋を開け閉めできる利便性も高いです。また

●清涼飲料水 容器別生産量シェア(2022年)

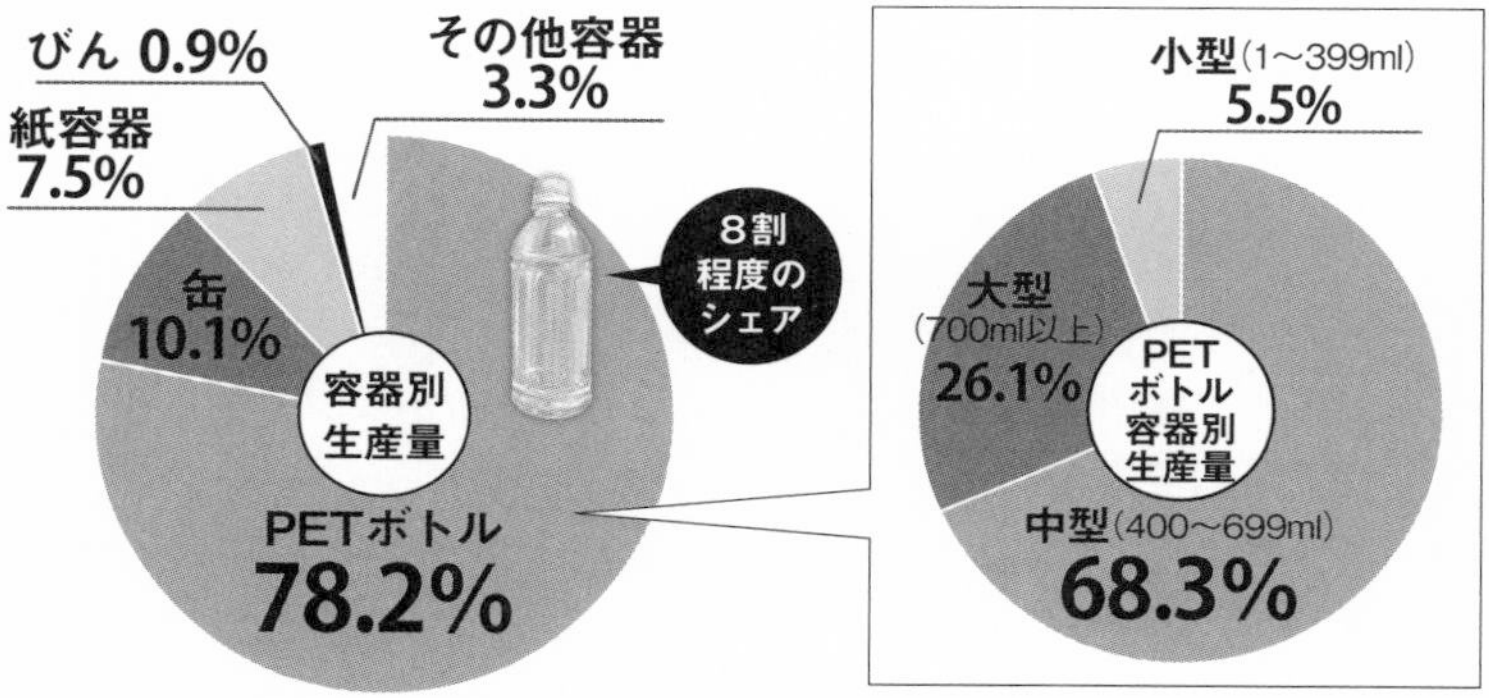

※全国清涼飲料連合会「清涼飲料水統計2023」を基に作成
http://www.j-sda.or.jp/statistically-information/images/2023jsda_databook.pdf

●清涼飲料水 容器別生産量

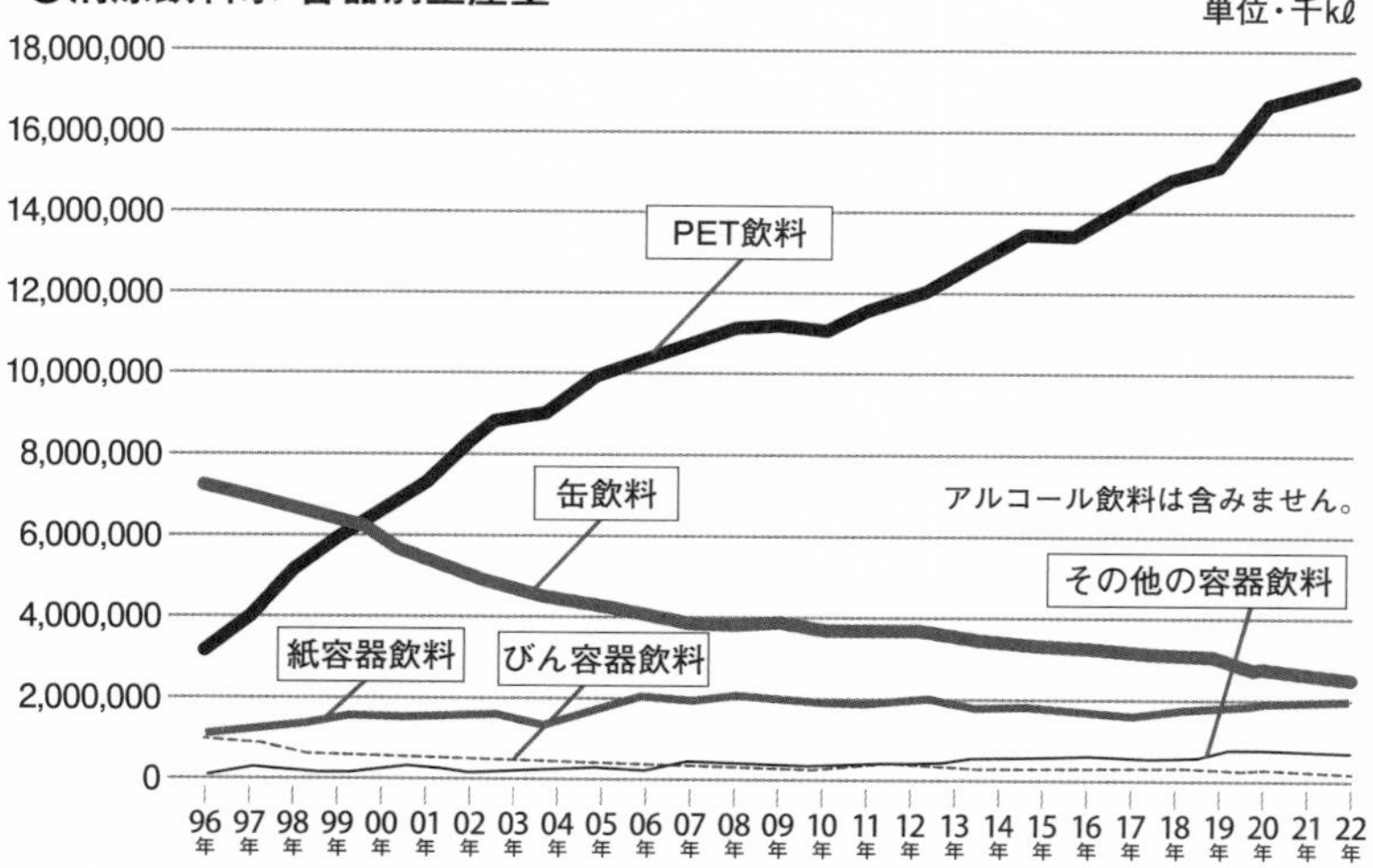

※全国清涼飲料連合会「清涼飲料水関係統計資料」を基に作成
http://www.j-sda.or.jp/statistically-information/images/2023jsda_databook.pdf

ます。

生産面のコストパフォーマンスも高いことから多くの容器がペットボトルに置き換わってい

１９９６年には半分以上のシェアがあった缶容器が10・１％まで落ちていることからもいかにペットボトルが容器として支持されているかが分かりますね。

コーヒーも２０１７年にサントリー「クラフトボス」が発売されて以降、各社で続々とペットボトルコーヒーを発売しペットボトルの比率が高まっています。

しかし、そもそもなぜペットボトルコーヒーはあまり普及していなかったのでしょうか？

ペットボトルコーヒーが普及する前は、缶の容器がメインでした。蓋の付いたタイプもペットボトルではなくボトル缶でした。

前述したように利便性が高く軽量で生産コストも低いペットボトルがコーヒーに使われていなかったことを逆に不思議に感じる方もいるのではないかと思います。

コーヒーの容器が金属だった背景にはコーヒー飲料における法律が背景にあります。コーヒー飲料は製造工程で高温での殺菌が法律で義務付けられており、通常のペットボトルではその熱に耐えられなかったため金属容器が主流になっていたそうです。

それでは現在のペットボトルコーヒーはどうでしょう？　触ってみると薄くてフニャフニ

●ボトル用PET樹脂需要実績（清涼飲料水等）

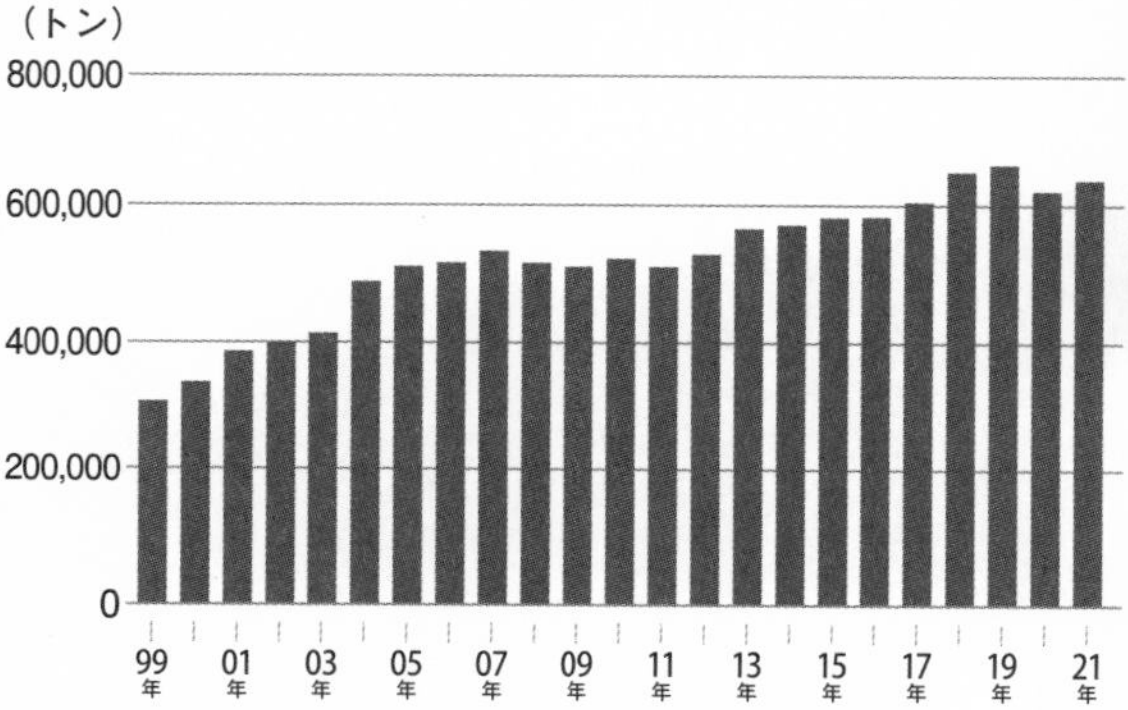

※「PETボトルリサイクル推進協議会資料」を基に加工

ャしています。とても高温に耐えられる感じではありません。一体どういうことなのか？実はその秘密はある技術革新にあります。

ペットボトルコーヒーは「ペットボトル無菌充填システム」によって充填されています。無菌充填シムテムはコーヒーを高温短時間滅菌後、高度に管理された無菌環境下で、低温でボトルに充填します。ペットボトルコーヒーは従来の缶コーヒーやボトル缶コーヒーと若干風味が異なりますが、それは**製造工程での違いの影響もあるか**と思われます。

また製造面の問題以外でもコーヒーを透明な容器に入れて販売すると「醤油」のように見えるということで、メーカー側としても躊躇した部分があるようです。しかし、現在はボジョレー・ヌーヴォーもペットボトルで売られている時代です。イメージや習慣も徐々に変化するものです。そういう意味では数年後、ビールやレモンサワーをペットボトルで飲むことが普通になっているかもしれませんね。

ただ、一方で**「脱プラスチック」の流れから、「無印良品」を運営する良品計画では、容器の大半をペットボトルからアルミ製ボトル缶に切り替えるような動き**もあります。

世の中、これまでに無かったものが出現した際にはその背景にいろんな理由が潜んでいます。逆にあってもよさそうなものがない場合にも同様に理由があります。他の地域ではあるのに特定の地域ではない、他の業界では当たり前のことなのに特定の業界では広がっていないことなど、そこには何かしらの理由があり、それがビジネスチャンスになることもあります。

最近よく見かけるもの、逆に見かけないものという視点で世の中を見ると更にいろんなものが見えてくるものです。

第
5
章

なぜつけ麺は大盛無料でも儲かるのか？

会社の儲けの仕組みを数字で考える

なぜつけ麺は大盛無料でも儲かるのか？

ラーメンの大盛は有料なのに、つけ麺の大盛は無料？

つけ麺のルーツは諸説ありますが、大勝軒の故・山岸一雄氏が残った麺をスープの入った湯飲みで食べていたまかない料理を1955年に商品化したというものが定説になっています。当初、知名度は低かったものの2000年代中盤頃からつけ麺ブームが始まり、「ラーメン・つけ麺・僕イケメン」というギャグが生まれるほど全国的に浸透していきます。

私が初めてつけ麺を食べたのは2007年。当時、転職のために引っ越した家の近所にあったラーメン店でのことです。メニューを見ていると、あるキーワードに惹かれました。

「つけ麺大盛無料」

一般的にラーメン店で大盛を注文すれば追加料金が発生します。それなのに、大盛が無料だなんて何という太っ腹な店主なんだと思い、20代で糖質のことなど気にしていなかった当時の私はそのお店に足繁く通っていました。しかしその後、つけ麺ブームに乗って多くのラーメン店がつけ麺を扱うようになり、他の多くの店でもつけ麺は大盛が無料であることが分かりました。私が通っていた店だけ特別気前が良かったわけではなかったようです。

それではなぜ、つけ麺は多くの店で大盛が無料なのでしょうか？

つけ麺は大盛にしても原価の高いスープのコストが上がらない

それは**ラーメンの原価構成に秘密**があります。ラーメンの売上に占める**原材料費の比率は30～35％**と言われていますが、**原材料の中で最もお金が掛かっているのが実はスープ**です。最近は1000円を超えるラーメンも増えてきましたが、これはこだわりのスープを作っているお店が増え、コストが上がっていることも要因です。

つけ麺の場合、**スープの量がラーメンと比べて圧倒的に少ないため元々コストを低く抑えることができます。**一方で、スープを飲まないため食べ応えと満足感が少ないということもあり、麺の量が多いお店がほとんどです。ラーメンだと麺の量が150g程度ですが、つけ麺だと300gが一般的です。また大盛にした場合、ラーメンはコストの高いスープも麺に合わせて増量しないといけませんが、つけ麺の場合は麺だけで良いのでそこまでコストアップになりません。

ラーメンのスープの種類や仕入先、こだわりの原料などで原材料費は変わりますが、一般的なラーメンとつけ麺の原材料費は下記のようになります。

このようにラーメンと比べてつけ麺は大盛にしてもラーメンほど原材料費が上がりません。大盛を無料にすることでより多くのお客さんに来てもらえることを考えれば、そこのコストアップは吸収しようというのがつけ麺の基本的な戦略です。事実、大盛無料のお店では多くのお客さんが大盛を注文しています。

しかし昨今、ロシアのウクライナ侵攻の影響もあり小麦粉の価格が高騰しています。もしこの相場が続けば、従来のつけ麺の戦略も転換を迫られる可能性があります。

●ラーメンの原価構成

	麺	スープ	トッピング	原価合計
ラーメン普通盛（麺150ｇ）	45円	100円	60円	205円
ラーメン大盛（麺230ｇ）	70円	150円	60円	280円
つけ麺普通盛（麺300ｇ）	90円	50円	60円	200円
つけ麺大盛（麺400ｇ）	120円	50円	60円	230円

つけ麺にはラーメンにくらべて
大盛無料のお店が多いのはナゼ？
原材料費の高い「スープ」を
使う比率がちがうから！
太っ腹なのかな…
大盛無料
ラーメン
大盛にするとスープを増える
つけ麺
大盛にしてもスープの量はあまり変わらない
ラーメンと比べスープを飲まない
満足感のために
麺多め
原材料費安い
〈一般的な原材料費〉
普通盛
麺150g 45円
スープ 100円
トッピング 60円
205円
麺300g 90円
スープ 50円
トッピング 60円
200円
大盛
麺230g 70円
スープ 150円
トッピング 60円
280円
麺400g 120円
スープ 50円
トッピング 60円
230円

なぜイタリアの銀行はチーズ倉庫を持っているのか？

パルミジャーノ・レッジャーノの製造は最低でも18ヶ月はお金が出ていくだけ

イタリアチーズの王様パルミジャーノ・レッジャーノをご存じでしょうか？
パスタに振りかけるパルメザンチーズと言った方が馴染みがあるかもしれませんね。よくスーパーで売っている粉チーズはプロセスチーズを使用したものがほとんどで正式にはパルメザンチーズではありません。

パルミジャーノ・レッジャーノはパルマ県、レッジョ・エミリア県、モデナ県などのエミリア・ロマーニャ州およびロンバルディア州の一部で作られ、認定を受けたものだけが名乗れるとても貴重なチーズです。

このパルミジャーノ・レッジャーノの**出荷までには18〜36ヶ月の長期熟成が必要**です。出荷まで18〜36ヶ月熟成させるということは、生産してもそれまで現金化できないということです。生産を続けていればその都度仕入れなどお金が出ていくため、パルミジャーノ・レッジャーノの生産を始めたら少なくとも最初の18ヶ月はお金は入ってこず出ていくだけです。

棚卸資産が増えると必要運転資金がどんどん増え現金が減る

売掛債権＋棚卸資産－仕入債務の合計を必要運転資金（運転資金・運転資本）と言いますが、当初は棚卸資産が増加を続け、必要運転資金がどんどん増加していきます。

貸借対照表で見ると次ページのように変化していきます。

まず創業当初は資本金として1億円出資したとします。出資した現金は1億円ですが、生産設備のために2000万円投資したとして現金残高は8000万円になります（150ページ

●運転資金

※必要運転資金が増加するほど現金が減少する

の図表）。

そこからパルミジャーノ・レッジャーノの製造をスタートします。生産するために、原材料の牛乳を仕入れたり、生産現場の従業員の賃金など支払いが発生します。原則、生産で掛かったお金は販売されるまで棚卸資産として貸借対照表の資産として計上されます。また生産以外で掛かった費用は随時費用として計上されるため、利益剰余金が減少します（151ページの図表）。

このように貸借対照表で見ても現金が入ってこず出ていくだけの状況のため、手元の現金残高はどんどん減っていきます。そのため、パルミジャーノ・レッジャーノの生産者の資金繰りはとても逼迫してきます。

●創業当初の貸借対照表（単位：万円）

現金	8,000	仕入債務（買掛金・支払手形）	0
売掛債権（売掛金・受取手形）	0	借入金	0
棚卸資産（商品・仕掛品・原材料）	0	資本金	10,000
生産設備	2,000	利益剰余金	0
資産合計	**10,000**	**負債・純資産合計**	**10,000**

チーズを担保にした融資制度

そんなパルミジャーノ・レッジャーノの生産者に対してとてもありがたい制度があります。それは何かというと**熟成中のパルミジャーノ・レッジャーノを担保として、銀行が融資をしてくれる**のです。

一般的に融資を受ける際の担保といえば不動産のような価値が安定したものです。パルミジャーノ・レッジャーノはイタリアチーズの王様としてチーズ界の頂点に君臨し、世界的にも安定した需要があるため価値が下がることはまずありません。しかも熟成期間が長いほど価値が高まるので担保として預かっている間も価値が高まります。そのため銀行としても安心して担保として受け入れることが

●生産開始し、販売前（熟成中）の貸借対照表（単位：万円）

現金	3,500	仕入債務（買掛金・支払手形）	500
売掛債権（売掛金・受取手形）	0	借入金	0
棚卸資産（商品・仕掛品・原材料）	3,000	資本金	10,000
生産設備	2,000	利益剰余金	-2,000
資産合計	**8,500**	**負債・純資産合計**	**8,500**

手元の現金はどんどん減少

※棚卸資産：原材料・製造コストなどが資産として計上
※利益剰余金：生産以外の経費が費用計上され利益剰余金が減少
※生産設備の減価償却費は考慮しない

できるというわけです。**担保として預かる際は評価額の8割の金額まで融資を実行してくれます。**

この預かったパルミジャーノ・レッジャーノは銀行が責任を持って倉庫で保管します。そのため、**パルマ地方の銀行はチーズ保管用の巨大な倉庫を抱え、1ホール40kg近いパルミジャーノ・レッジャーノを30万ホール以上保管しているところもあります。**

必要運転資金が多く資金繰りが厳しい特殊な生産工程と、価値が安定したパルミジャーノ・レッジャーノの組み合わせによるユニークな融資制度ですね。

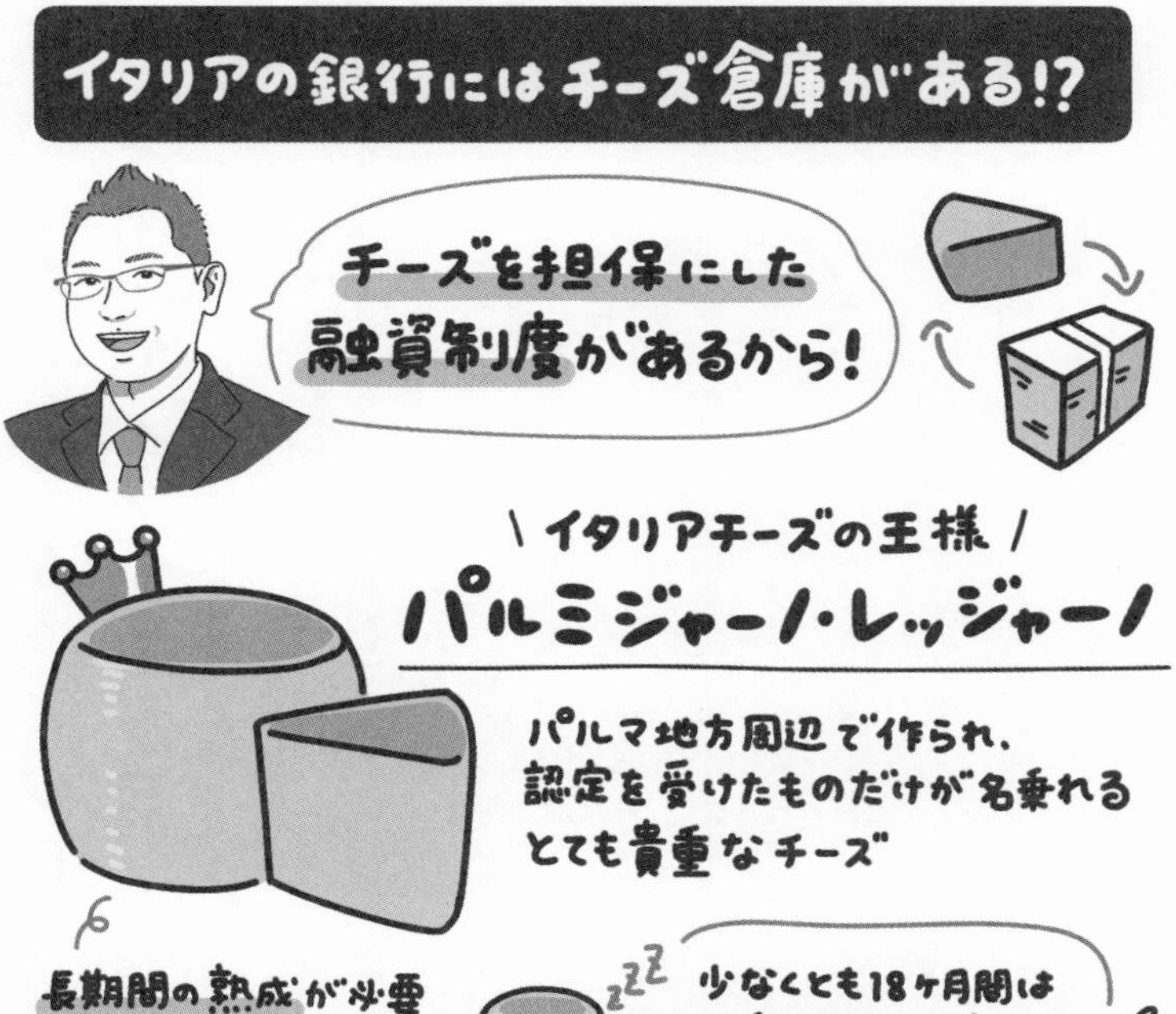
イタリアの銀行にはチーズ倉庫がある!?
チーズを担保にした
融資制度があるから!
＼イタリアチーズの王様／
パルミジャーノ・レッジャーノ
パルマ地方周辺で作られ、
認定を受けたものだけが名乗れる
とても貴重なチーズ
長期間の熟成が必要
＝
18～36ヶ月間
少なくとも18ヶ月間は
お金が入ってこず
コストのみかかる…
熟成中のパルミジャーノ・レッジャーノ担保
▶評価額の8割までの
金額を融資してくれる!
BANK
パルマ地方では
30万ホール以上保管している銀行も!
1ホールなんと40kgほど!!

なぜエニタイムフィットネスにはプールやスタジオが無いのか？

エニタイムフィットネスは筋トレマシンに特化したフィットネス

最近自宅の近くに24時間年中無休がウリのエニタイムフィットネスがオープンしました。40代半ばになり、お腹回りが気になる年頃なので早速入会しました。ご存じの方も多いかもしれませんが、エニタイムフィットネスは会員になれば全国どこの施設でも利用することができます。このサービスが全国各地への出張が多い私にはとてもありがたく、これまで東北から九州まで各地のエニタイムフィットネスを利用しています。

エニタイムフィットネスは**24時間年中無休というのがウリ**ですが、逆にこれまで多くのフィットネスにあったあるものがありません。それは何かというと**プールとスタジオ**です。24時間ジムができる以前には、ほとんどのフィットネスにプールとスタジオがありました。しかしエニタイムフィットネスは筋トレをするためのマシンに特化したフィットネスなのです。

店舗面積が小さくても良いので駅前でも出店余地が大きい

プールやスタジオが無いことは、筋トレだけでなく泳ぎたい人やエアロビクスなどのレッスンに参加したい人にとっては魅力が低下します。それはデメリットでしかないと感じるかもしれません。しかし、プールやスタジオが無いことでのメリットがたくさんあります。まず一つ大きいのは店舗の面積が少なく、出店場所を確保しやすいということです。**プールとスタジオのある総合ジムでは一般的に700〜1000坪のスペースが必要**です。一方、**エニタイムフィットネスの店舗は平均すると80坪程度と10分の1のスペースで済みます。**1000坪の物件というのはそう見つけることはできません。特に駅前のような好立地で考えると、とんでもなくハードルが上がります。そこにプールのような特殊設備が必要となると、もはや賃貸で見つけるのは、フィットネスの居ぬき物件以外ではほぼ不可能と言って良いでしょう。

一方で80坪程度であれば、人気のある駅前でもそれなりの候補があります。最近24時間ジムが大きな駅の近くに乱立しているのは、プールとスタジオを無くし小さなスペースで開業できるためです。駅の近くであれば仕事の帰りに立ち寄りやすく、更にエニタイムフィットネスのように会員であればどこの店舗でも利用できるとなると店舗数が増えることが利用者のメリットに繋がります。

またプールなどの設備が少なければ初期投資も抑えることができますし、家賃などの運営コストも下がります。最近の24時間ジムはフランチャイズ方式の展開が増えてきていますが、フランチャイジー（ＦＣ加盟店）にとって、許容できる投資額と運営コストに収まっていることが大きいと思います。

運営の人員もレッスンが無ければインストラクターも不要ですし、プールの安全を確保する監視員も不要なので人手不足で頭を抱えることも少なくなります。

高付加価値、高価格なサービスとコアなニーズに絞った低価格なサービスの二極化が進む

最近はパーソナルトレーニングで有名なＲＩＺＡＰが24時間営業の〝ちょこざっぷ〟という業態をスタートさせました。コンビニジムというキャッチコピーでこれまでの24時間ジムと比べても更にシンプルな設備でシャワーも鍵付きロッカーもありません。水回りのことを考えるとシャワーを無くしたことで初期投資を更に抑えられ、物件も見つけやすくなります。

その分、月会費も２９８０円（税別）と他の24時間ジムと比べても破格の安さです。

エニタイムフィットネスもちょこざっぷも経営コンサルタント的な視点でいうと、お客さんの求めているコアなニーズに集中したビジネスモデルと言えます。髭剃りやシャンプー、マッサージを無くしカットというサービスに集中して大成功したQBカットハウスと同じ視点ですね。今後サービス業は付加価値が高く高価格なものと、24時間ジムのようにサービスを絞り低価格なものの二極化が更に進んでいくことでしょう。

●エニタイムフィットネスにプールやスタジオが無い理由

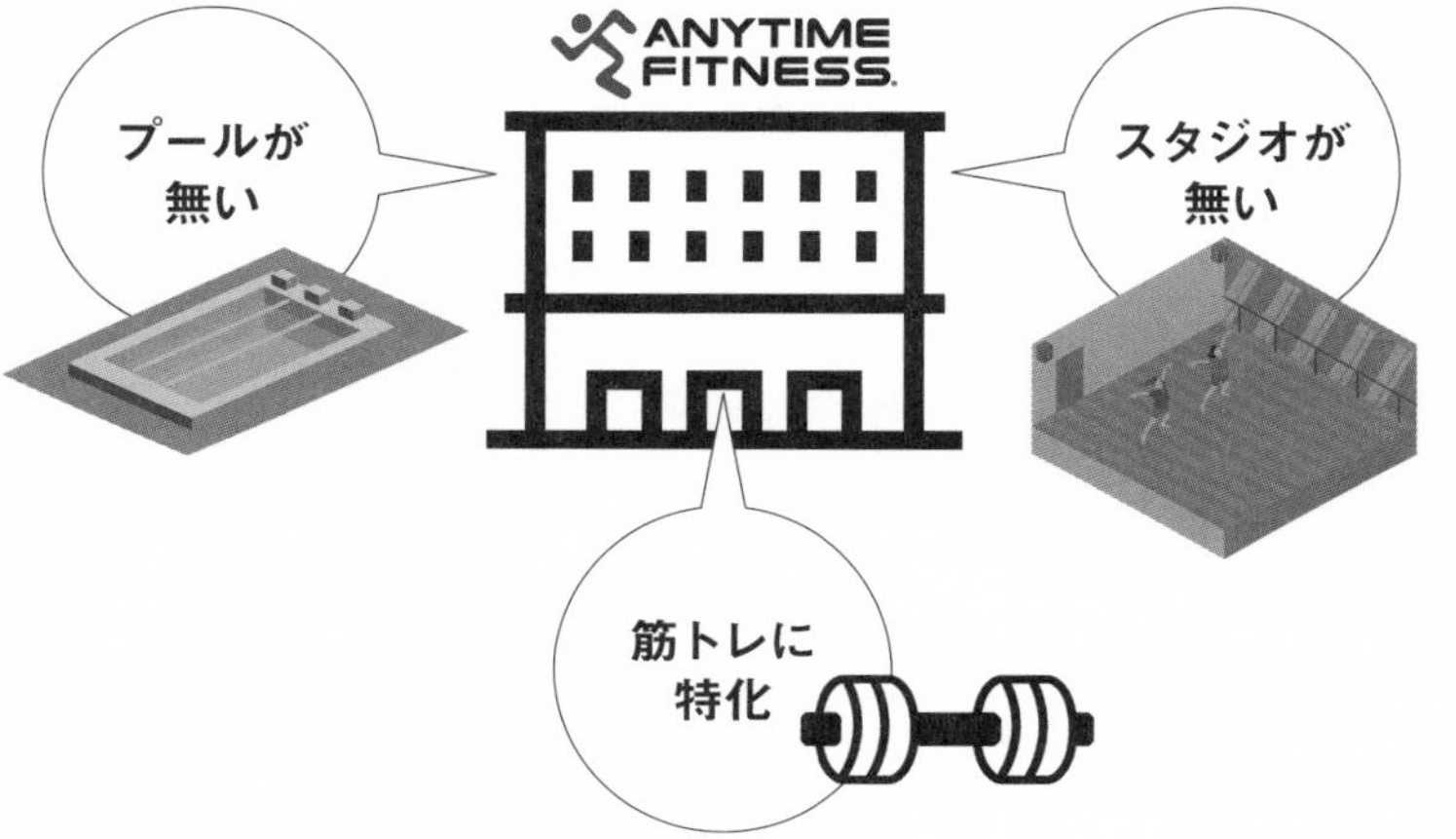

- エニタイムフィットネスの店舗は80坪程度(10分の1のスペース)
  →総合ジムは700～1000坪のスペースが必要
- 設備が少ないので初期投資が小さい
- レッスンのインストラクター、プールの監視員も不要なので
  人件費も抑えられる

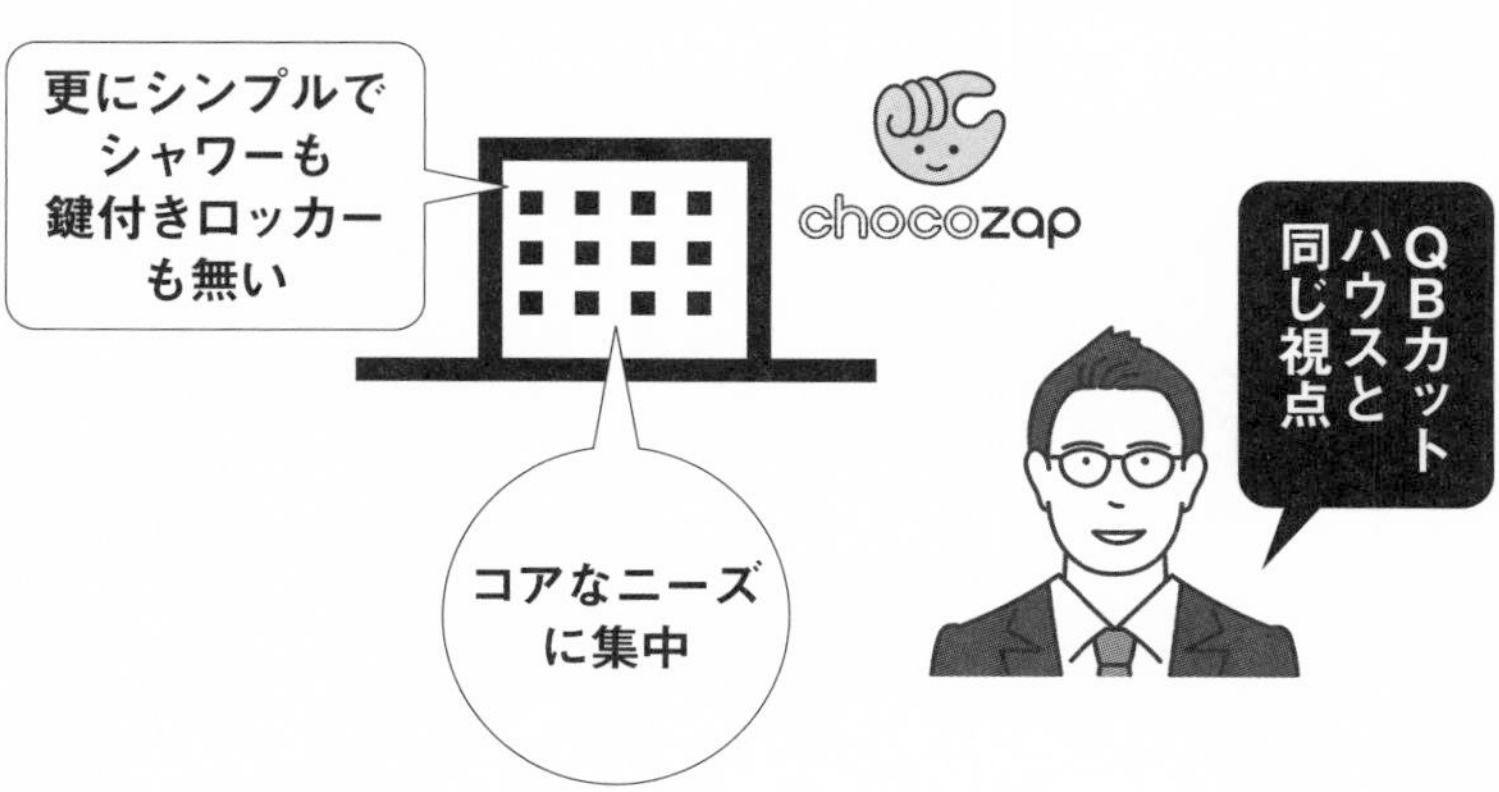

なぜあの食品工場は9月にクリスマスケーキやおせち料理を作っているのか？

クリスマスイヴのケーキ需要は普段の20倍以上！

皆さんクリスマスに食べるものといったら何をイメージするでしょうか？

やはりクリスマスに食べるものといえばケーキです。

下記は総務省家計調査の2022年における1世帯当たりの月別ケーキ支出金額をグラフ化したものです。12月の支出金額は1411円と7月の支出額482円の約3倍といかにクリスマスの時期にケーキの購入が

●1世帯当たりの月別ケーキ支出金額

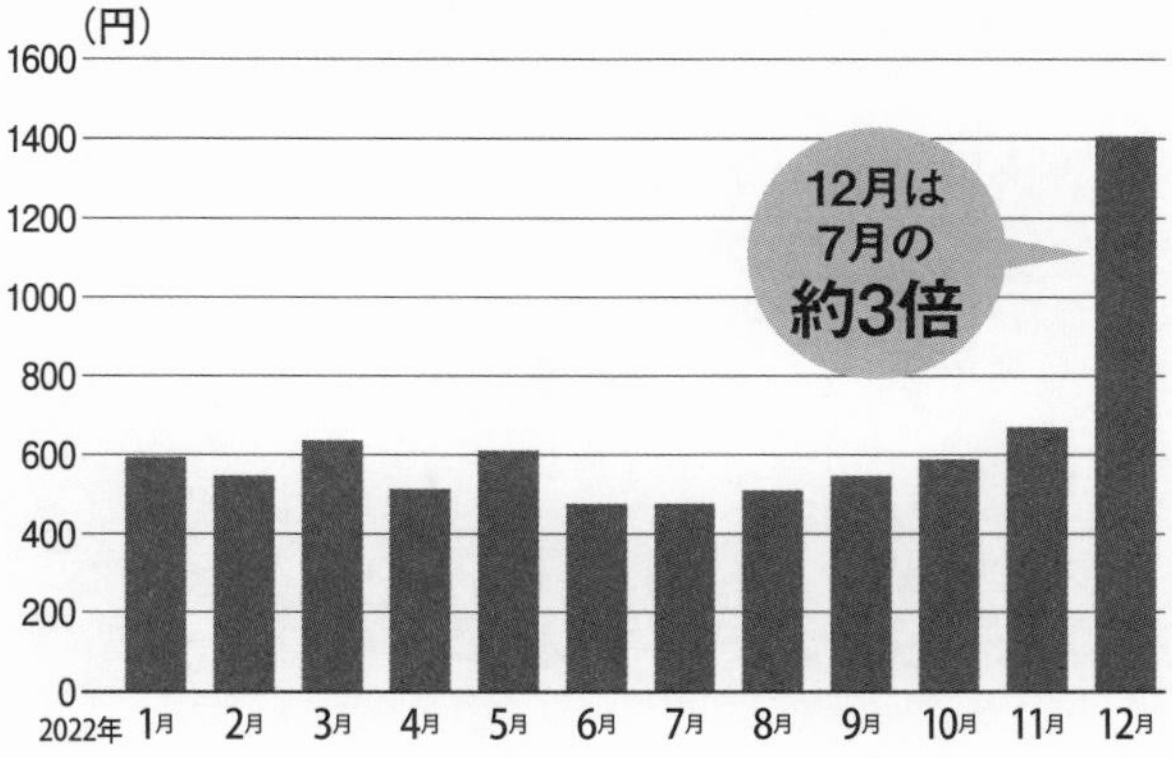

※「家計調査」（総務省）のデータを基に作成
https://www.stat.go.jp/data/kakei/longtime/index.html#time

増えるかがうかがえます。

更に過去の総務省統計局の調査によるとクリスマスイヴである12月24日の1日だけで1ヶ月の支出金額の3分の1を占めるようです。このデータから1日当たりの平均支出額と12月24日の支出額を比較してみると12月24日は1日当たりの平均支出額の22倍以上となります。

ケーキは夏の終わりから作り置きし冷凍在庫を積み上げている

これだけ需要が爆発するタイミングに合わせて、供給する側はどう対応しているのか？

クリスマスイヴの需要に合わせて設備を準備すればそれ以外の時期に稼働率が低くなり無駄が出ますし、ケーキ屋さんやケーキ製造工場の従業員がいくら徹夜で作ったとしても、普段の22倍の量のケーキを作ることは不可能です。

●1世体当たりのケーキ支出金額

	支出金額	割合
年間支出額	7,665円	100.0%
12月支出額	1,411円	18.4%
12月24日支出額	470円	6.1%
1日平均支出額	21円	0.3%

12月24日は1日平均の22倍以上の支出

それではどうやってその需要に対応するのか？　答えは作り置きです。実はクリスマスケーキの多くはクリスマスのだいぶ前から製造し冷凍で保管してあります。大手の製菓工場では夏の終わりの9月頃から製造を始めてコツコツ在庫を増やし、クリスマスの需要に備えます。私は長年、食品物流の会社で経営顧問をしていますが、秋口から冷凍倉庫でクリスマスケーキの在庫が積み上がってくるのを見ると秋を実感します（冬ではありません）。

ケーキって冷凍できるの？　と思う方もいるかもしれませんが、実は普段食べているケーキの結構な割合が実は冷凍です。大手のチェーン店はもちろん、街のケーキ屋さんも果物や生クリーム以外は事前に作り置いて冷凍するということはそれほど珍しくありません。

冷凍のケーキなんてと思われるかもしれませんが、近年の冷凍技術の発展は目覚ましく、素人目には冷凍であることに気づくことが難しいくらいです。私はかつて食品メーカーで業務用食品の営業をしており、自社製品や他社製品などをよく見ていましたが、ホテルの朝食会場やビュッフェ、外食チェーンやスキー場などいたるところで驚くほど冷凍食品が幅を利かせています。

同じような季節商品でいうとお節も同様に秋口から製造を始めて年末年始に向けて在庫を

積み上げていきます。

アイスメーカーが中華まんを作る理由

季節波動に対応するために、業界各社は作り置き以外にも様々な工夫をしています。

前述したお節では、あまり定着しませんでしたがセブン‐イレブンやイオンで夏お節というものを売り出したこともありました。

あずきバーでお馴染みの井村屋は1963年にアイス事業に参入し、その翌年に中華まん事業に参入しました。アイスは暑い時期、中華まんは寒い時期によく売れるため、その波動を季節の裏表になる商品で補完しているわけですね。

また最近では「ランドセル購入のための活動」を〝ラン活〟と言い、翌年4月に入学す

●クリスマスケーキは夏の終わりの9月から作り始める

①
当日に12月24日1日平均の22倍のケーキを作ることは不可能
②
夏の終わりの9月から作り置きをしている
③
実はかなりな割合で冷凍
④
秋口から冷凍倉庫にクリスマスケーキが積み上がる
Merry Christmas

る小学生のランドセルを購入するために早い段階からランドセル選びを始めます。**購入のピークは入学前年の5～8月**ということですが、これも波動の大きいランドセルという商品特性を踏まえ、早めに受注することで生産の平準化をするための業界の戦略です。

季節イベントは心が躍り財布の紐も緩みますが、供給側にとっての負担は大きくなります。少しでも効率化を進めるために各業界が様々な工夫を進めています。

季節波動の大きい商品は生産を平準化するために作り置きすることで需要に対応しているわけですね。

なぜ鉄鋼業界はダンピングの問題が起きやすいのか？

コストの中で固定費の割合が高い鉄鋼業界

ダンピングという言葉をご存じでしょうか？　日本語にすると不当廉売、つまり不当に安く販売することをダンピングと言います。ダンピングは独占禁止法で禁止されており、国際的なダンピングにはアンチダンピング関税を課せられることもあります。

このダンピングの問題が起きやすい業界と言えば何といっても鉄鋼業界です。なぜ鉄鋼業界はダンピングの問題が起きやすいのか？　実は鉄鋼業界のコスト構造が原因なのです。

費用には売上高に比例して増えていく費用である変動費と、売上高が増えても減っても変わらず発生する費用である固定費があります。ラーメン店で考えると変動費が原材料費、固定費が人件費・家賃のようなイメージです。鉄鋼業界のコスト構造は固定費の比率がとても高いのです。理由は設備投資が巨額だからです。日本製鉄と欧州アルセロール・ミタルとのインドの合弁会社が高炉２基を新設する計画を発表しましたが投資額は約７３００億円です。

この巨額な設備の減価償却費が固定費として計上されるため、鉄鋼業界は固定費の割合が高くなります。コストの中で**固定費の割合が高いビジネスモデルを固定費型ビジネス**と言い、鉄鋼業のような装置産業の他に航空業、ホテル業など**設備投資の多い業界産業が該当**します。一方でコストの中で**変動費の割が高いビジネスモデルを変動費型ビジネス**と言い、卸売業や小売業などそれほど設備投資が必要のない業界が該当します。

固定費型ビジネスは安売りしても量が捌ければ儲かる

固定費型ビジネスは固定費の比率が高い一方で製品1個当たりの変動費（変動費率）は低いです。分かりやすく固定費型ビジネスと

●固定費型・変動費型のコスト構造

鉄鋼業、航空業、ホテル業など設備装置の多い業界

卸売業や小売業など

	固定費型ビジネス	変動費型ビジネス
販売単価	100	100
1個当たりの変動費	30	70
1個当たりの限界利益	70	30
販売個数	1,000	1,000
売上高	100,000	100,000
変動費	30,000	70,000
限界利益	70,000	30,000
固定費	50,000	10,000
利益	20,000	20,000

（単位：万円）

変動費型ビジネスのコスト構造を数字で極端に表すと１６５ページの図表のようになります。どちらのビジネスも販売単価が１００万円、販売個数１０００個、売上高10億円、利益2億円と同じ数字ですが、変動費と固定費の割合が異なります。

それぞれのビジネスの構造を図で表すと下記のような形になります。

この状況でダンピング、つまり安売りし販売数量が増加した場合はどうなるでしょうか？　2割値下げして販売数量が１・５倍になるという前提で考えてみます。

図を見ると固定費型ビジネスは2割値下げしても販売数量が１・５倍になれば利益も

●変動費型ビジネス

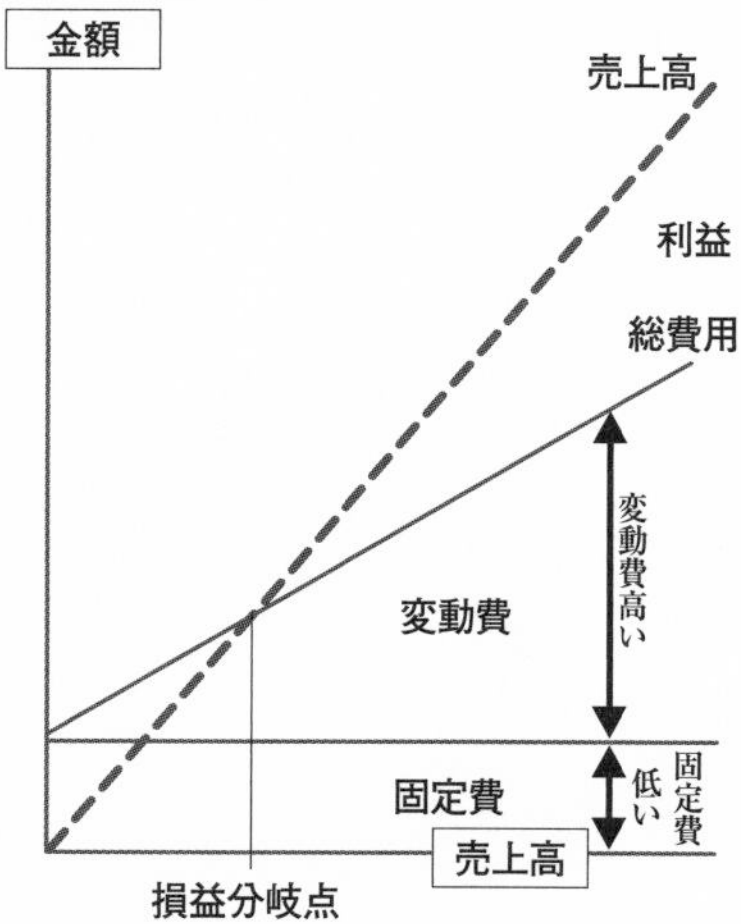

●固定費型ビジネス

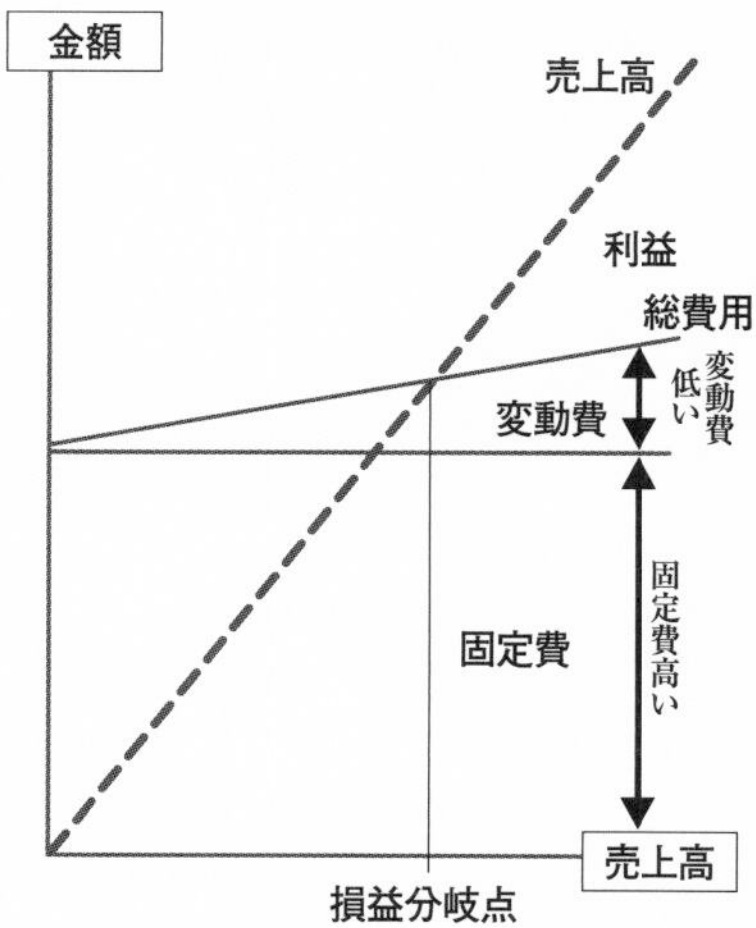

●固定費型ビジネス（鉄鋼業界・ホテル・航空業界etc.）

	通常価格	2割値下げ
販売単価	100	80
1個当たりの変動費	30	30
1個当たりの限界利益	70	50
販売個数	1,000	1,500
売上高	100,000	120,000
変動費	30,000	45,000
限界利益	70,000	75,000
固定費	50,000	50,000
利益	20,000	25,000

2割安く売っても、販売個数が1.5倍になれば利益も1.25倍に！

1.25倍

●変動費型ビジネス（卸売業界・小売業界etc.）

	通常価格	2割値下げ
販売単価	100	80
1個当たりの変動費	70	70
1個当たりの限界利益	30	10
販売個数	1,000	1,500
売上高	100,000	120,000
変動費	70,000	105,000
限界利益	30,000	15,000
固定費	10,000	10,000
利益	20,000	5,000

2割安く売ったら、販売個数が1.5倍になっても利益は4分の1……

4分の1

1・25倍になります。それでは同様に変動費型ビジネスで2割値下げしたらどうなるのか？販売数量が1・5倍になっても利益は4分の1になってしまいます。**この表を見ると固定費型ビジネスは値下げしてでも販売数量を増やすインセンティブがある**ことが分かりますね。航空会社では早割をして稼働を高めますし、ホテルも空室が多いと大幅に料金を下げます。

ちなみにコロナ感染拡大当初の行動制限があった時期は北海道往復チケット＋ホテルで2万円台前半でした。なお、固定費型ビジネスの中でも特に鉄鋼業界でダンピングが起きやすいのは、**サービスと異なり持ち運びが可能で、即時性もない。**更には**世界中でニーズがありブランドもそれほど重要でない**ということが要因としてあります。

なぜサイバーエージェントの営業利益は一気に3倍の1000億円を突破したのか？

2022年サッカーワールドカップのLIVE中継を見ることができたのはサイバーエージェントのおかげ

2022年のサッカーワールドカップは放映権料が推定200億円と高額だったため、NHKと民放各局でつくるジャパンコンソーシアム（JC）からTBSなど民放3社が撤退し契約が頓挫しかけていました。そこにAbemaTVの親会社、サイバーエージェントが急遽参加することが決まり事なきを得ました。最終的にAbemaTVを加えた4社が資金を出しましたが、AbemaTVの負担は70億～80億円とも言われています。民放3社が撤退する金額を一ネット企業が負担できるのか？　と思っている方もいるかもしれませんが、ワールドカップの放映権の契約を行っていたと思われる時期の直前期のサイバーエージェントの営業利益は1043億円（2021年9月）です。これはこの時期民放で一番営業利益の多い日本テレビの345億円（2021年3月期）の3倍以上の水準です。

●サイバーエージェントの連結営業利益の推移

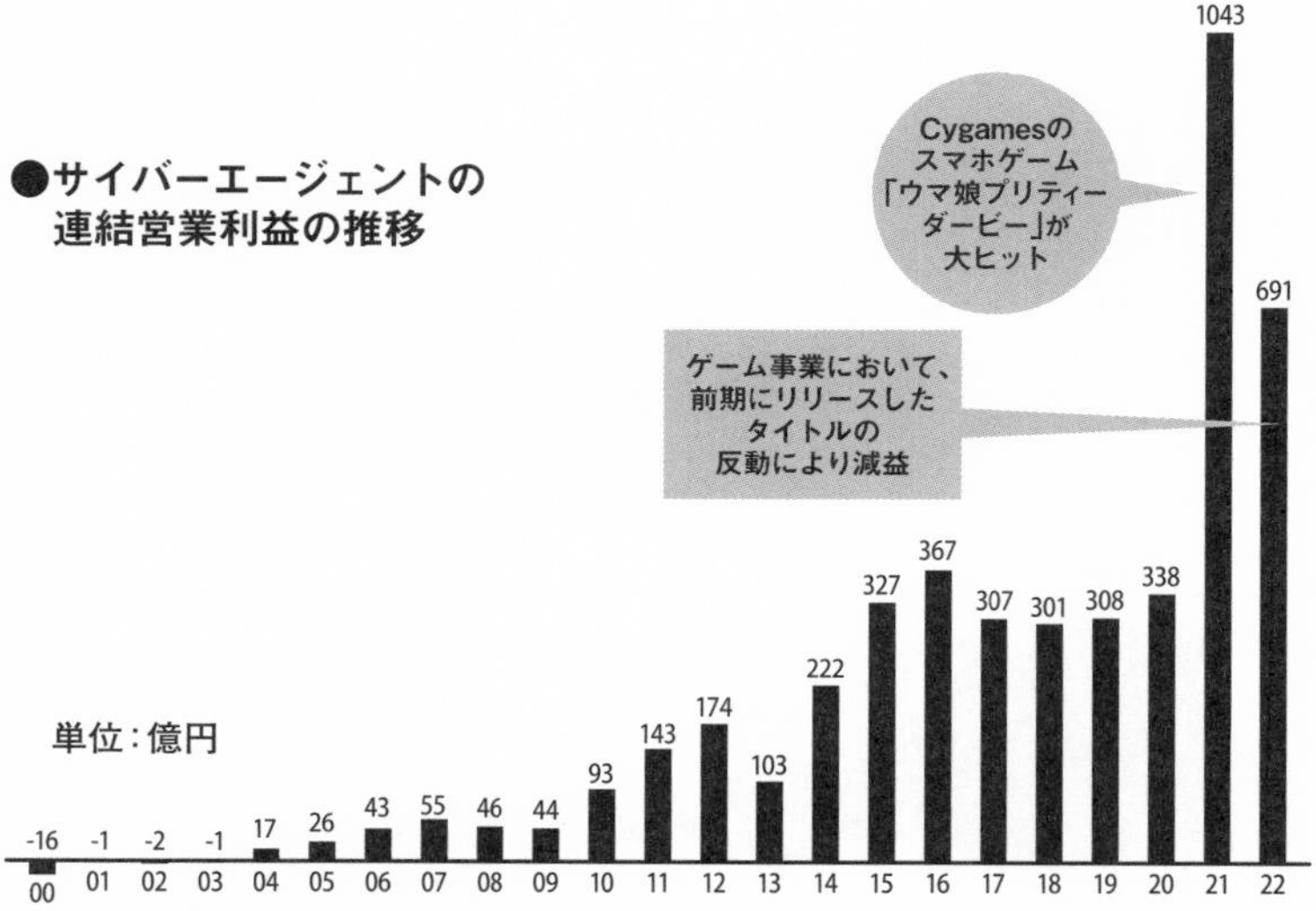

※サイバーエージェントHP・新規投資家向け資料を基に作成
https://www.cyberagent.co.jp/ir/library/ataglance/

●民放4社営業利益推移（単位：百万円）

	2017年3月期	2018年3月期	2019年3月期	2020年3月期	2021年3月期
フジテレビ	22,319	25,258	34,709	26,341	16,274
前期比	91.5%	113.2%	137.4%	75.9%	61.8%
営業利益率	3.4%	3.9%	5.2%	4.2%	3.1%
日本テレビ	52,526	50,964	49,749	43,111	34,526
前期比	98.8%	97.0%	97.6%	86.7%	80.1%
営業利益率	12.6%	12.0%	11.7%	10.1%	8.8%
TBS	19,878	18,800	18,572	10,103	10,841
前期比	115.7%	94.6%	98.8%	70.6%	82.7%
営業利益率	5.6%	5.2%	5.1%	3.7%	3.3%
テレビ朝日	17,278	18,634	16,164	12,565	14,413
前期比	104.3%	107.8%	86.7%	77.7%	114.7%
営業利益率	5.8%	6.2%	5.4%	4.3%	5.4%

出典：Media Innovation Guild「民放４社営業利益推移」
https://media-innovation.jp/2021/06/18/television-corporate-analysis-2021/

突然利益が3倍？　IT業界の驚くべきコスト構造

前述のサイバーエージェントの業績の図を見ていただくと、2020年9月期から2021年9月期にかけて営業利益が3倍以上になっています。なぜ突然こんなに儲かるようになったのか？　儲けの理由は**サイバーエージェントの子会社であるCygamesのスマホゲーム「ウマ娘プリティーダービー」が大ヒットしたから**です。ゲーム一つで会社の利益が3倍？　と驚く方も多いかもしれませんが、これはIT業界の費用構造に秘密があります。前項の『なぜ鉄鋼業界はダンピングの問題が起きやすいのか？』では固定費型ビジネスと変動費型ビジネスの費用構造について説明しました。これまでの多くのビジネスは固定費が高ければ変動費が低く、固定費が低ければ変動費が高い、もしくは固定費が中くらいであれば変動費も中くらいで、バランスが取れていました。しかしIT業界、**特にゲームなどのコンテンツビジネスやポータルサイトなどのプラットフォームビジネスは固定費も変動費も低いという驚くべきニュービジネス**なのです。

マイクロソフトはガレージでパソコン2台から始めたという逸話があるように大きな投資は必要ありません。またサービスはデジタルなので完成してしまえば量産（コピー）するため原材料費もほぼゼロです。つまり変動費も掛からないわけです。そのようなビジネスモデ

●固定費も変動費も低いニュービジネス

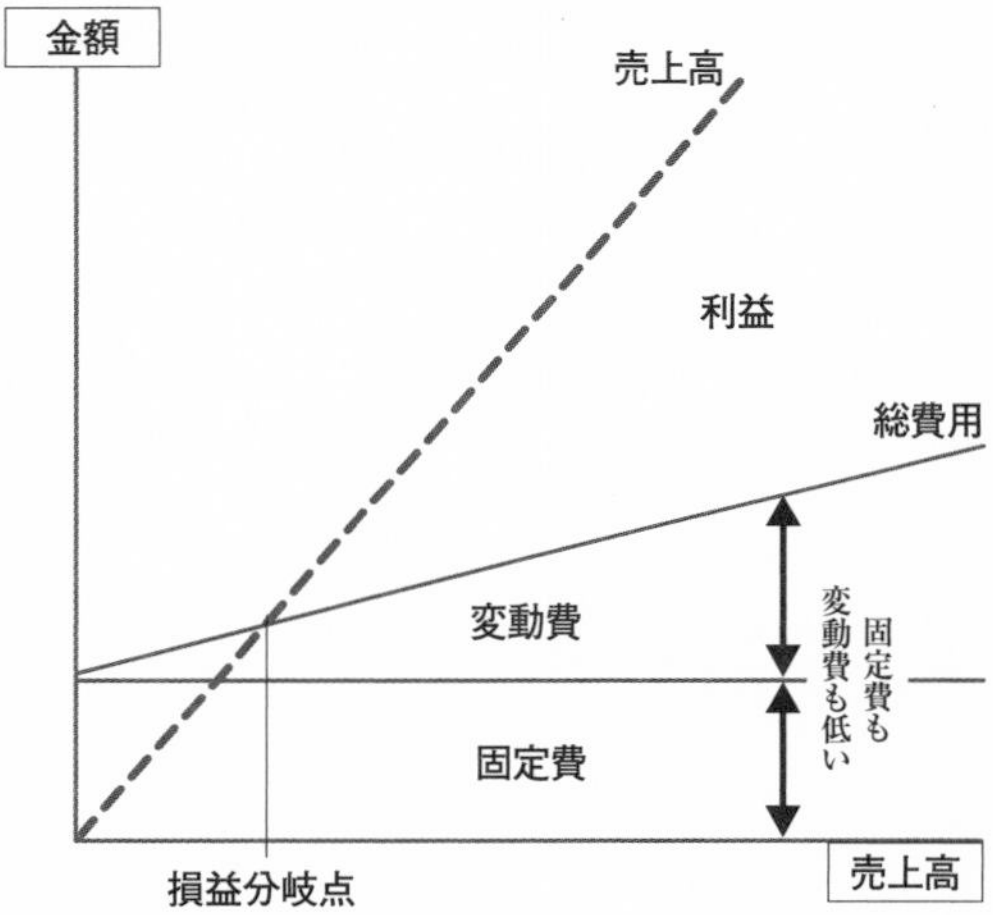

ルだからこそ売れれば売れるほどそのコンテンツの売上はほぼ利益になります。ポータルサイトでもユーザーが１万人から１００万人に増えたところで別に手間が増えるわけではなく、追加費用は発生しません。しかしその分の広告収入増加により利益は莫大に増加します。

●サイバーエージェントの業績変化

	2020年9月期	2021年9月期	前年比（倍）
売上高（百万円）	478,566	666,460	1.4
営業利益（百万円）	33,880	104,381	3.1
従業員数（人）	5,344	5,944	1.1

※従業員数は臨時雇用人員含まず

「ウマ娘プリティーダービー」がヒットした時期のサイバーエージェントの売上高・営業利益・従業員数の変化を見てみます。

見ていただくと分かるように、売上は1・4倍にしかなっていないのに営業利益は3・1倍です。そして従業員数は1・1倍にしかなっていません。コンテンツビジネスはユーザーが増え、売上が増加しても運営側の業務量はそれほど変化しません。分かりやすく言うと運営側のやっていることは変わらず、勝手にユーザーが増えて売上が増えるイメージですね。そして変動費も掛からないので売上の大部分が利益になります。

このように日本で「世紀の祭典」をＬＩＶＥ中継で見ることができたのは、ＩＴ業界の驚異のビジネスモデルが裏側にあったわけです。

なぜ地ビールはよく見かけるのに地ウイスキーは見かけないのか？

仕事でもプライベートでも全国いろんな場所を訪問していますが、最近見かけることが増えたと感じるのがご当地の〝地ビール〟です。現在ではクラフトビールと呼ばれることが多くなりましたが、小規模な醸造所でビール職人がこだわりの原材料で手造りしていることから、**「手工芸品」を意味するｃｒａｆｔを冠してクラフトビール**と呼ばれています。

地ビールブーム再来

地ビールが出現したのは１９９４年。**酒税法改正により、ビール製造免許に必要な年間製造最低数量が２０００kℓ（大びん換算で約３１６万本）から60kℓ（同 約9万5千本）に引き下げられました。**これにより**大手ビールメーカー以外の小規模醸造所が誕生**し、３年ほどの間に全国各地に２００を超える地ビールが誕生しました。品質と価格のバランスから一時は衰退したものの、世界的なクラフトビールブームやコロナ禍でのプチ贅沢志向も重なり、国内でもブームが再来しています。現在では**全国に700前後の小規模醸造所**があり、拡大を続けています。

ウイスキー製造には膨大な運転資金が必要

観光地に行けば、どこに行ってもご当地の地ビールを飲むことができるまでになりました。地ビールと同様、日本酒の地酒やご当地のワインなど日本各地でいろんなお酒を見るようになりました。しかし**あまり見かけることがないのがご当地のウイスキー**です。調べてみると、有名な秩父の地ウイスキー「イチローズモルト」や、日本酒や焼酎の蔵元が製造しているウイスキーなどいくつかありますが、地ビールと比べて圧倒的に少ないことが

●日本の地ビール、1995→2022 27年の歩み

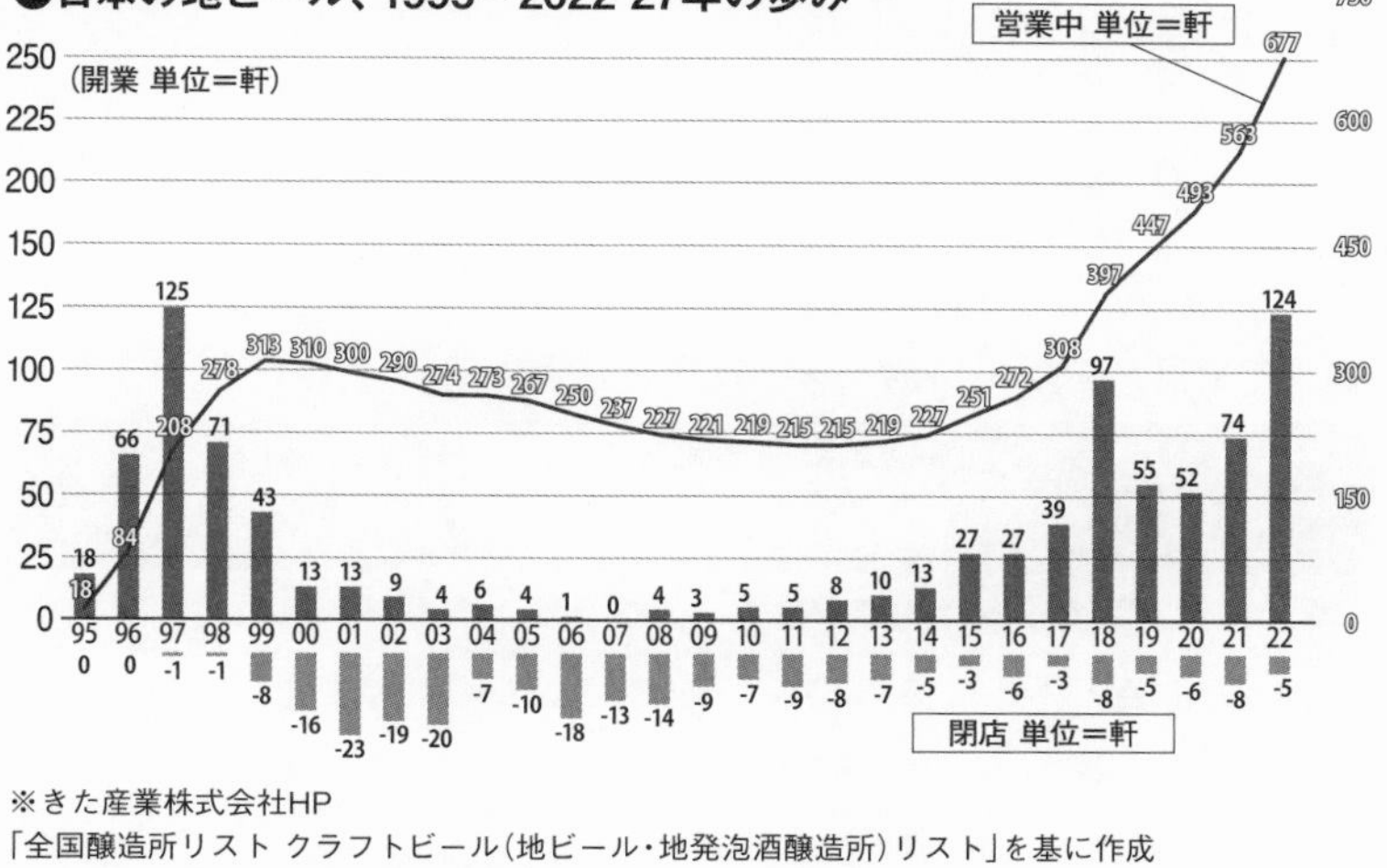

※きた産業株式会社HP
「全国醸造所リスト クラフトビール(地ビール・地発泡酒醸造所)リスト」を基に作成
https://kitasangyo.com/beer/MAP.html

分かります。

なぜ地ビールはよく見かけるのに地ウイスキーは見かけないのか？

それはパルミジャーノ・レッジャーノの項でも説明した**運転資金の問題が大きい**です。

ご存じの通り、**ウイスキーは長期間、樽の中で熟成させる必要があります。**

現在では世界の5大ウイスキーに数えられるようになったジャパニーズウイスキーの定義の一つに3年以上熟成させるというものがあります。つまり、**ウイスキーの製造を始めてから最初に現金化できるまで長期間を要する**わけですね。

財務諸表では原材料、仕掛品、商品を全てまとめて棚卸資産と表示します。何日分の棚卸資産があるのかを示す棚卸資産回転期間という財務指標があり、棚卸資産÷1日分の売上原価（売上原価÷365）で計算します（※売上原価の代わ

●大手お酒メーカー４社の棚卸資産回転期間（日）

	サントリーH（2022.12期）	アサヒグループH（2022.12期）	キリンH（2022.12期）	サッポロH（2022.12期）
売上原価（百万円）	1,468,065	1,589,272	1,083,755	339,180
棚卸資産（百万円）	656,879	234,969	290,171	47,525
棚卸資産回転期間（日）	163.3	54.0	97.7	51.1

※棚卸資産回転期間（日）＝棚卸資産÷（売上原価÷365）で算出

りに売上高を使用することもあり)。
大手お酒メーカー4社の棚卸資産回転期間(日)を計算すると176ページの図表のようになります。

見ていただくと分かるようにサントリーの棚卸資産が圧倒的に多く、棚卸資産回転期間も長いことが分かります。アサヒもキリンもウイスキーの扱いはあるものの、昭和初期からウイスキーを中核商品としていたサントリーに比べればその比率は小さいです。ウイスキーの取り扱いが多いと製造過程の仕掛品が多くなることに加えて、出荷が増えた際にも急な増産ができないため安定供給の観点からも完成品の製品在庫を多く抱える必要があり棚卸資産が膨らみます。

●ウイスキー製造には膨大な運転資金が必要

①熟成させるので現金化するのに数年かかる
②大きな運転資金が必要
liqueur
beer
①1994年酒税法改正でビール製造免許に必要な年間製造最低数量2000kℓ→60kℓに引き下げられた
②大手ビールメーカー以外の小規模醸造所誕生
③現在では小規模醸造所は700前後

このようにウイスキー製造は運転資金が膨らみ資金力が必要です。そのため、製造してすぐに販売できるビールと比べてビジネスのハードルが高く、参入する企業が少ないという結果に繋がっていると考えられます。

スコットランドなど海外では中小のウイスキーメーカーもたくさん存在しますが、そのようなメーカーはほとんどが老舗企業です。**過去から蓄積した潤沢な手元資金があるために膨大な運転資金を負担できる**わけですね。

なぜ最先端医療を手掛ける病院が経営危機に陥っているのか？

病院の7割以上が本業で赤字

病院の経営について考えたことはありますでしょうか？　医師というと高所得の代名詞ですし、医業＝儲かるというイメージを持たれている方も多いと思います。実際、病院は公共性が高い事業であり、他の業種と比較すると倒産がとても少ない業種です。しかし、その**経営実態は実はとても深刻**です。

180ページの図表は全日本病院協会による2022年度病院経営定期調査から抜粋したものです。経常利益で見ると**赤字病院の割合はコロナ前の2019年度45・5％から2021年度19・9％と大幅に減少**しています。政府はコロナ病床確保のために税金を過剰に投入したと批判を受けていますが、実際この数字を見ると多くの病院でコロナ以前と比べてだいぶ利益が改善していることが分かります。

●4期比較 医業利益、経常利益 年度比較

黒字　赤字

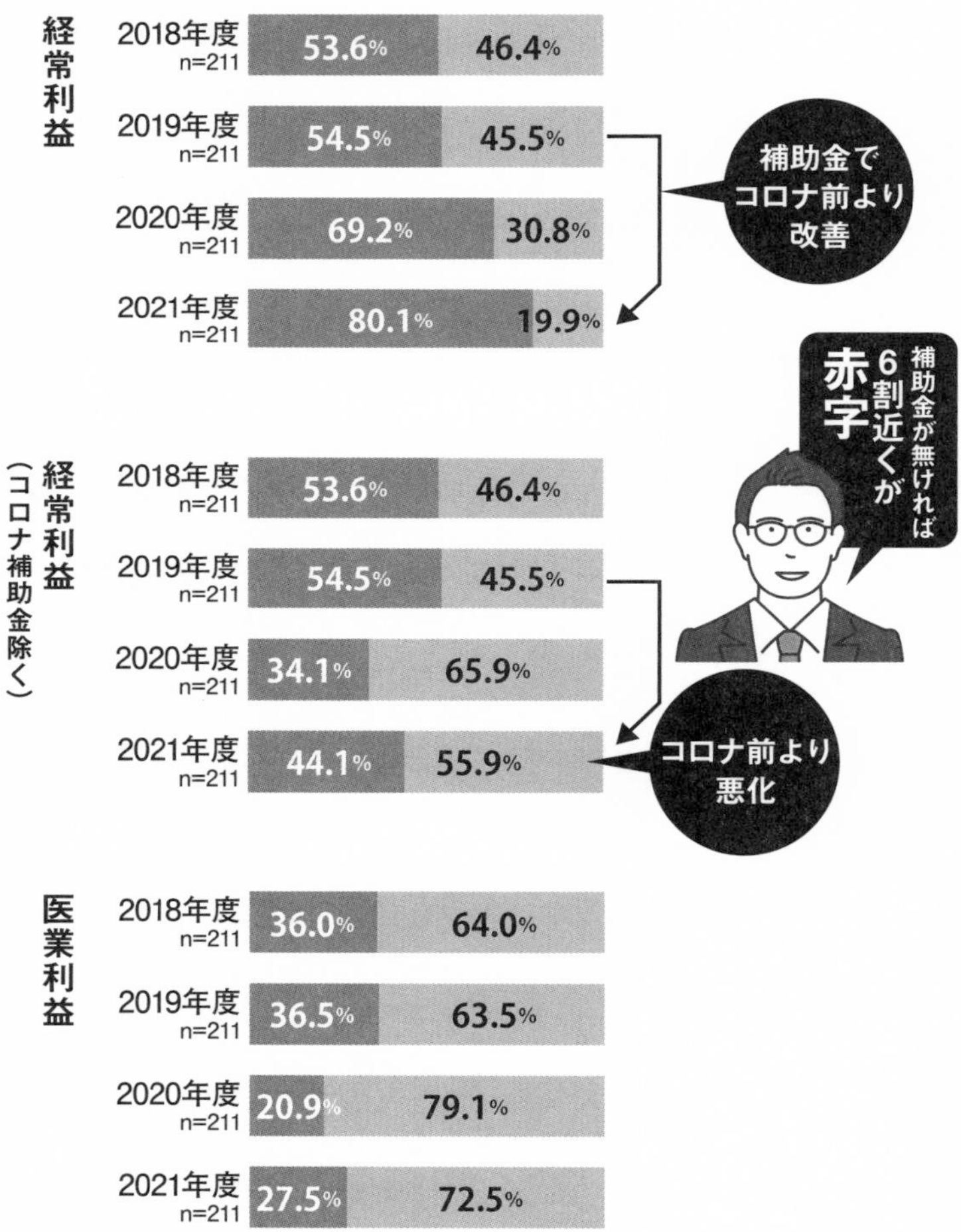

※全日本病院協会「2022年度病院経営定期調査」を基に作成
https://www.ajha.or.jp/topics/4byou/pdf/221214_2.pdf

しかし一方で、**経常利益（コロナ補助金を除く）**を見てみると、赤字病院の割合は**2019年度45・5%から2021年度55・9%に逆に悪化**しています。つまり**補助金が無ければ6割近くの病院が赤字**なのです。医業本業での収益である医業利益においては更にひどく2020年度で79・1%、2021年度で72・5%の病院が赤字となっています。

高度医療をしている病院ほど経営状況は厳しい

このように厳しい経営を強いられている中、**特に深刻なのが高度な医療を提供している病院**です。下記の資料はデロイトトーマツがまとめた資料ですが、高度な医療を提供し入院単価が高い病院ほど医業損益が悪いことがう

●高度医療をしている病院ほど厳しい

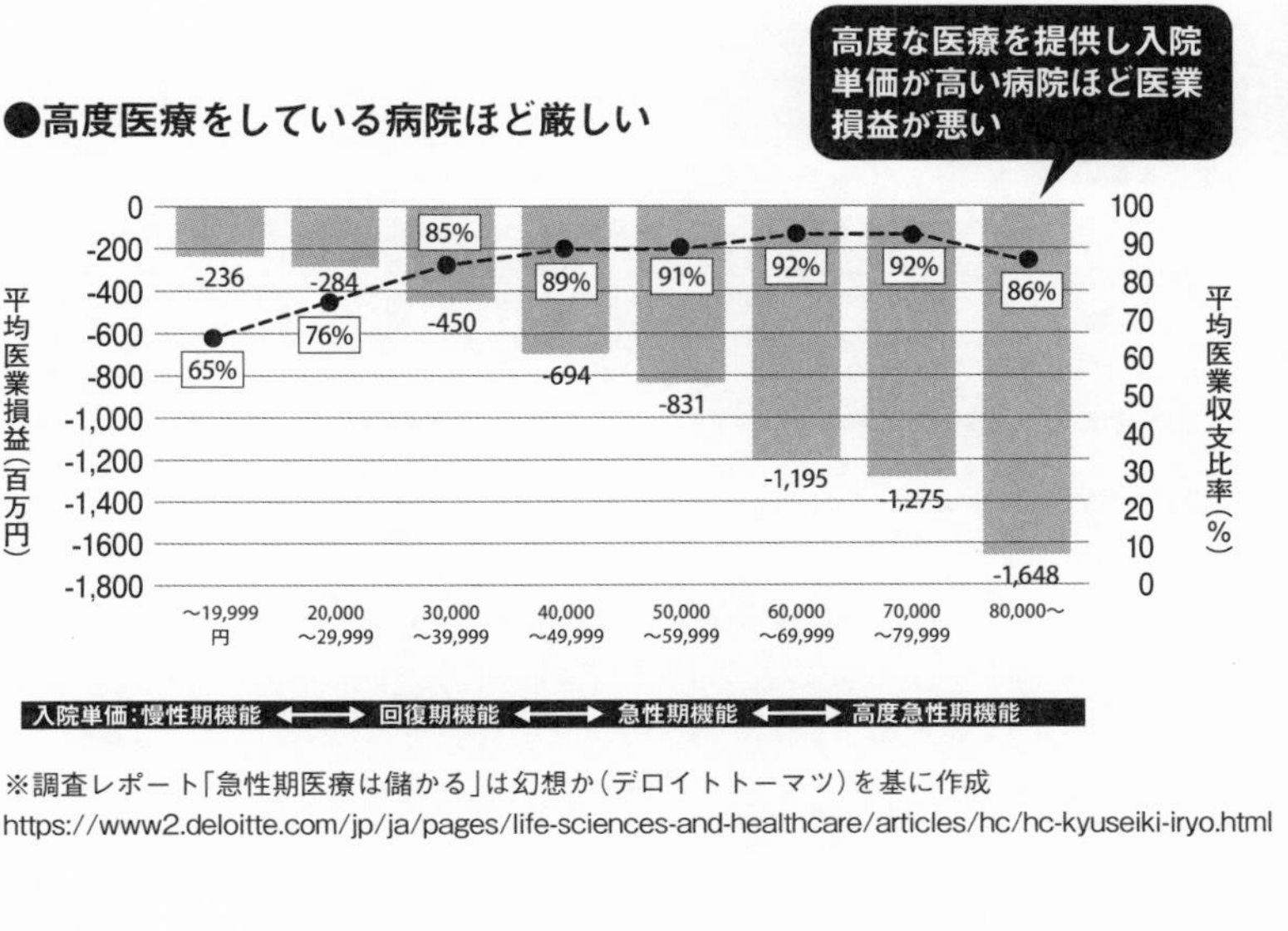

※調査レポート「急性期医療は儲かる」は幻想か（デロイトトーマツ）を基に作成
https://www2.deloitte.com/jp/ja/pages/life-sciences-and-healthcare/articles/hc/hc-kyuseiki-iryo.html

かがえます。

現在、病院では病床を慢性期、回復期、急性期、高度急性期の４つに区分していますが、急性期や高度急性期のような機能ほど緊急を要するため高度な医療体制が求められます。

高度な医療機能であればあるほど、高い単価での収入を確保できるので儲かると思われるかもしれません。しかし一方で高度な医療ではたくさんの医療スタッフが必要で、**高額な医療機器への投資が必要なため、得られる収益以上に費用も嵩むのが現状**です。

高度医療を提供し、患者数も多ければ問題ありませんが、実際のところ計画通りに患者を集められておらず過剰な投資が収益を圧迫

●4つの病床機能〈参考〉

医療機能の名称	医療機能の内容
高度急性期機能	●急性期の患者に対し、状態の早期安定化に向けて、診療密度が特に高い医療を提供する機能 ※高度急性期機能に該当すると考えられる病棟の例 救命救急病棟、集中治療室、ハイケアユニット、新生児集中治療室、新生児治療回復室、小児集中治療室、総合周産期集中治療室であるなど、急性期の患者に対して診療密度が特に高い医療を提供する病院
急性期機能	●急性期の患者に対し、状態の早期安定化に向けて、医療を提供する機能
回復期機能	●急性期を経過した患者への在宅復帰に向けた医療やリハビリテーションを提供する機能 ●特に、急性期を経過した脳血管疾患や大腿骨頚部骨折等の患者に対し、ADLの向上や在宅復帰を目的としたリハビリテーションを集中的に提供する機能(回復期リハビリテーション機能)
慢性期機能	●長期にわたり療養が必要な患者を入院させる機能 ●長期にわたり療養が必要な重度の障害者(重度の意識障害者を含む)、筋ジストロフィー患者 又は難病患者等を入院させる機能

出典：全国病院協会「みんなの医療ガイド 医療機能の判断基準」
https://www.ajha.or.jp/guide/28.html

している病院も多いです。

最近では公的な病院を中心に統合・合併が進められ、急性期から慢性期に移行する病院も出てきています。ＯＥＣＤの２０２１年の発表によると**日本の病床数は人口1000人当たり12・6床とフランス5・7床、アメリカ2・8床、イギリス2・3床と比べて多いことが分かります。**また日本では**高額医療機器である人口当たりのCTの数がアメリカの2〜3倍**あると言われています。手厚い医療を受けられるのは安心ですが、社会保障費が国の財政を圧迫している現状を見ると、予算配分の見直しをすべき時期なのかもしれません。

●病床数の比較（人口1000人当たりの病床数）

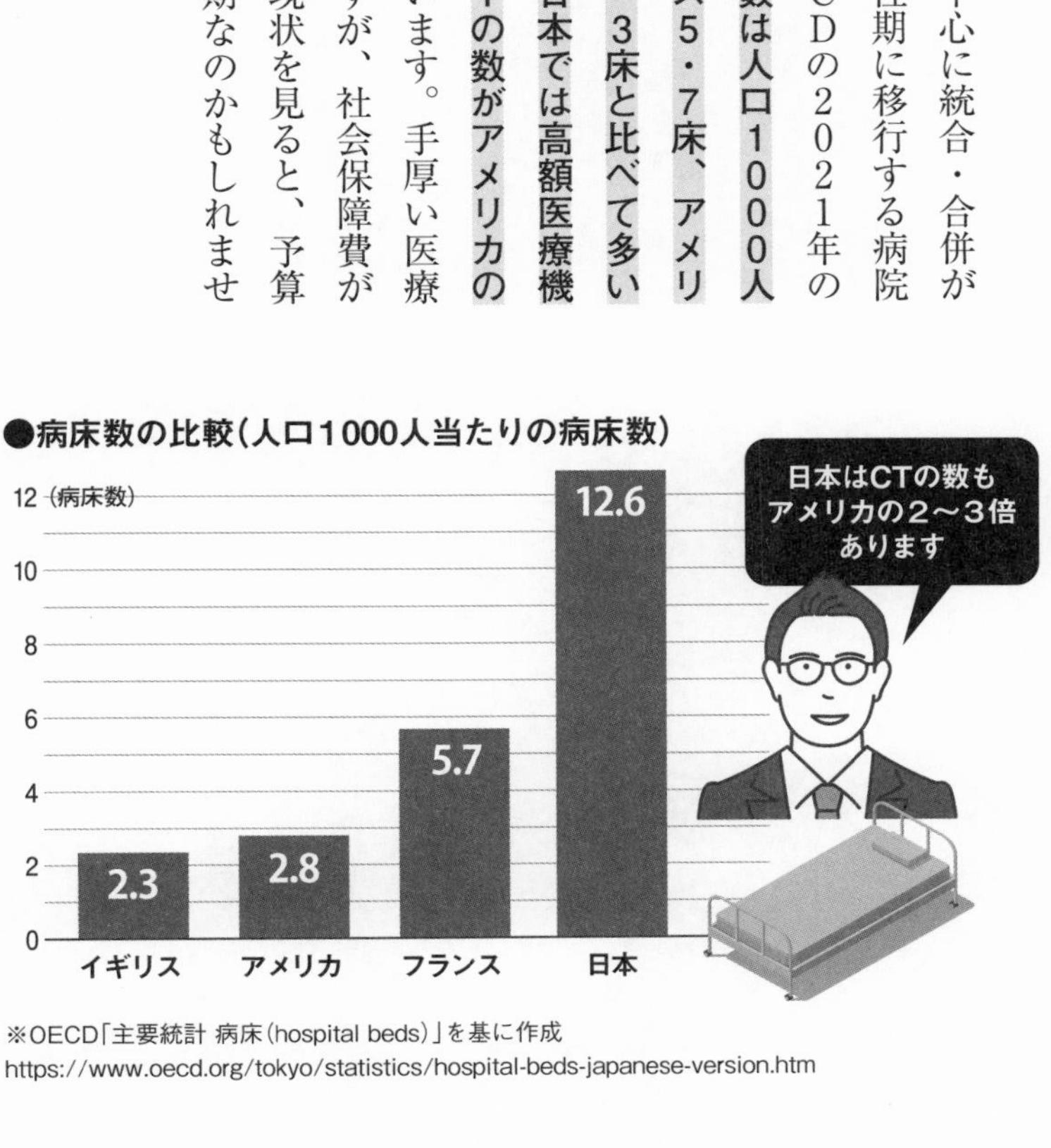

※OECD「主要統計 病床（hospital beds）」を基に作成
https://www.oecd.org/tokyo/statistics/hospital-beds-japanese-version.htm

病院トップの経営感覚が求められる時代

このように経営環境が難しくなっている中、重要なのは病院トップの経営感覚です。そのような経営感覚が求められる中で、ネックになると思われるのが医療法人の理事長には、原則、医師か歯科医師でなければ就任することができないということです。都道府県知事の認可を受ければ、医師か歯科医師以外でも理事長に就任できますが一定のハードルが課せられており、簡単に認可が得られるわけではありません。

私も経営コンサルタントの仕事をする中で、多くの病院経営者とお会いする機会がありま す。しっかりとした経営感覚を持ち、組織づくりや理念浸透の面を見ても見事な経営手腕を持たれている方も多いのですが、職人かたぎで経営手腕に疑問を感じる方も少なくありません。人口減少で中長期的に医療の需要は減少していきます。そのような経営環境の中、公共性の高かった病院にもしっかりとした経営が求められる時代になってきたわけです。

なぜゆうちょ銀行は融資事業をほとんどやっていないのに利益をあげられるのか？

ゆうちょ銀行はメガバンクに負けない額の預金を預かっている

銀行はどれくらい預金を預かっているかご存じでしょうか？

銀行が預かっている預金量は貸借対照表の負債の部に記載されています。一般的に預金というと預けている自分のお金なので資産ですが、銀行の場合は預かったお金、つまり借入金と同じような扱いなので負債になります。

連結ベースで見た場合の預金量は下記のよ

●各銀行の預金量・貸出金・経常利益
（2023年3月期・連結ベース）

	預金量	貸出金	経常利益
三菱UFJフィナンシャルグループ	213兆6095億円	109兆1463億円	1兆207億円
三井住友フィナンシャルグループ	158兆7703億円	98兆4041億円	1兆1609億円
みずほフィナンシャルグループ	150兆4990億円	88兆6872億円	7896億円
ゆうちょ銀行	194兆9486億円	5兆6044億円	4556億円

※各社の有価証券報告書を基に作成

うになります。

連結ベースで見てみると、**メガバンクを抱えるフィナンシャルグループは150兆〜200兆円超の預金を預かっています。**地方銀行の雄である横浜銀行を傘下に持つコンコルディア・フィナンシャルグループや福岡銀行を傘下に持つふくおかフィナンシャルグループでも預金量は20兆円程度。ネット銀行大手の楽天銀行やSBI銀行は8兆〜9兆円程度なので、いかに大きな金額を預かっているかが分かりますね。

そのようなメガバンクと比べても預金量で存在感を示しているのが、ゆうちょ銀行です。メガバンクのように駅前に立派なオフィスを出しているわけではありませんが、全国津々浦々に展開する店舗数は2万3642店と全ての銀行の店舗数の合計である1万3488店を大きく超え（2023年3月時点）、その圧倒的な店舗網を活かして預金を集めています。

ゆうちょ銀行は銀行なのに融資業務をほとんどやっていない

前ページの図表の各行の数字を見て何か気づくことはありませんでしょうか？

そうなのです、実は**ゆうちょ銀行だけ貸出金が圧倒的に少ない**のです。銀行の儲ける仕組みというと、一般的に預金者から預かったお金を企業や個人に融資してその利息で収益をあげるというものです。メガバンクを抱えるフィナンシャルグループは貸出金も100兆円前後と巨額な金額を融資しています。しかし、ゆうちょ銀行は6兆円にも満たないのです。

元々ゆうちょ銀行は、郵便貯金の受け入れという郵政省の業務を継承しているだけですから、融資業務を手掛けていませんでした。新規業務となる融資業務を始めるためには監督官庁である金融庁と総務省の認可が必要であり、2012年9月3日に認可申請を出しました。しかし、政府が大株主である日本郵政のグループのゆうちょ銀行による融資は、官業による民業の圧迫であるという全国銀行協会の反対もあり、なかなか認可がおりませんでした。

しかしそのような中、ついに2021年4月に住宅ローンであるフラット35の取り扱いの認可を受け、2021年5月からフラット35の取り扱いを始めました。

しかしフラット35以外の住宅ローンや企業融資はいまだ認可がおりておらず、ゆうちょ銀行は大きな預金量はあるものの貸出金の割合が少ないのです。

ゆうちょ銀行の利益の源泉は有価証券の運用

貸出金が少ないゆうちょ銀行ですが、経常利益で見るとメガバンクの一角をなすみずほフィナンシャルグループに近い水準となっています。融資もせずにゆうちょ銀行は一体どうやって約4600億円もの巨額な経常利益をあげているのでしょうか。答えは有価証券の運用

●各銀行の預金量・有価証券
（2023年3月期・連結ベース）

	預金量	有価証券
三菱UFJフィナンシャルグループ	213兆6095億円	86兆7469億円
三井住友フィナンシャルグループ	158兆7703億円	33兆2132億円
みずほフィナンシャルグループ	150兆4990億円	37兆3631億円
ゆうちょ銀行	194兆9486億円	132兆8014億円

※各社の有価証券報告書を基に作成

●ゆうちょ銀行はどうやって利益をあげているのか

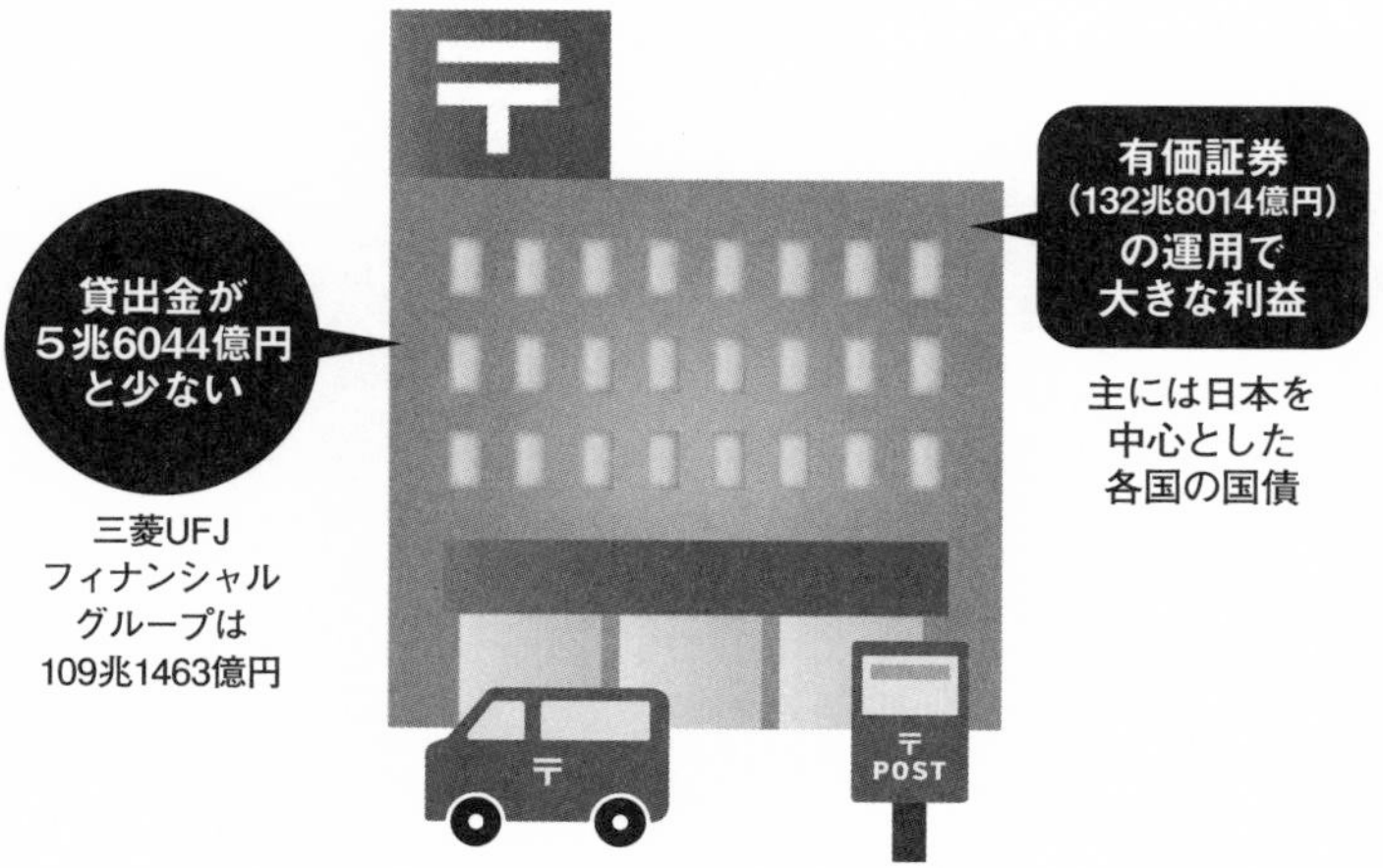
貸出金が5兆6044億円と少ない
三菱UFJフィナンシャルグループは109兆1463億円
有価証券（132兆8014億円）の運用で大きな利益
主には日本を中心とした各国の国債
〒
〒
POST

です。

貸借対照表から各行の有価証券の残高を見ると、**ゆうちょ銀行はメガバンクを抱えるフィナンシャルグループの1・5～4倍の有価証券を有しています。**有価証券の主な中身は**日本を中心とした各国の国債**です。ゆうちょ銀行は膨大な預金を国債を含む有価証券の運用に充て、大きな利益をあげているわけですね。

貸借対照表の中身を分析すると、調達した資金をどのように運用し、利益の源泉となっているかが見えてきます。同業他社の資産構造を比較することでその会社の強みや戦略の特徴を読み解くことが可能です。

なぜ大手ハウスメーカーは地域の工務店より大胆な値引きができるのか？

大手ハウスメーカーは変動費は低いが固定費が高い

人生で一番大きな買い物といえば多くの方にとってマイホームだと思います。最近は資材高騰や人手不足による人件費高騰により、マイホームの相場も上がってきていますね。私自身もコロナ禍が始まった当初、在宅ワークの環境改善や犬を飼い始めたこともありマイホームを購入しました。購入にあたり住宅展示場で大手ハウスメーカーの話を聞いたり、近所の工務店を訪問して話を聞くなどして情報を収集しました。その中で感じたことは、**大手ハウスメーカーは元々の価格設定は高いものの大胆な値引きをしてくれるところがある**ということです。一方で**地域の工務店はあまり値引きをしてくれません。**

大手ハウスメーカーは採算度外視で値引きをする方針で、地域の工務店がケチなのかというとそういうわけではありません。その違いは**大手ハウスメーカーと地域の工務店のコスト構造の違い**にあります。

下記の図は大手ハウスメーカーと地域の工務店のコスト構造を表したものです。

販売価格はコスト（費用）に自社の利益を乗せたものをベースに決まります。一般的にハウスメーカーの方がコストが高い傾向にあるため、地域の工務店よりハウスメーカーの方が価格は高くなります。

しかし費用を固定費と変動費に分けて考えると実は**変動費は工務店よりハウスメーカーの方が低い**のです。

特に差が大きいのは**材料費**

●ハウスメーカーと工務店のコスト構造

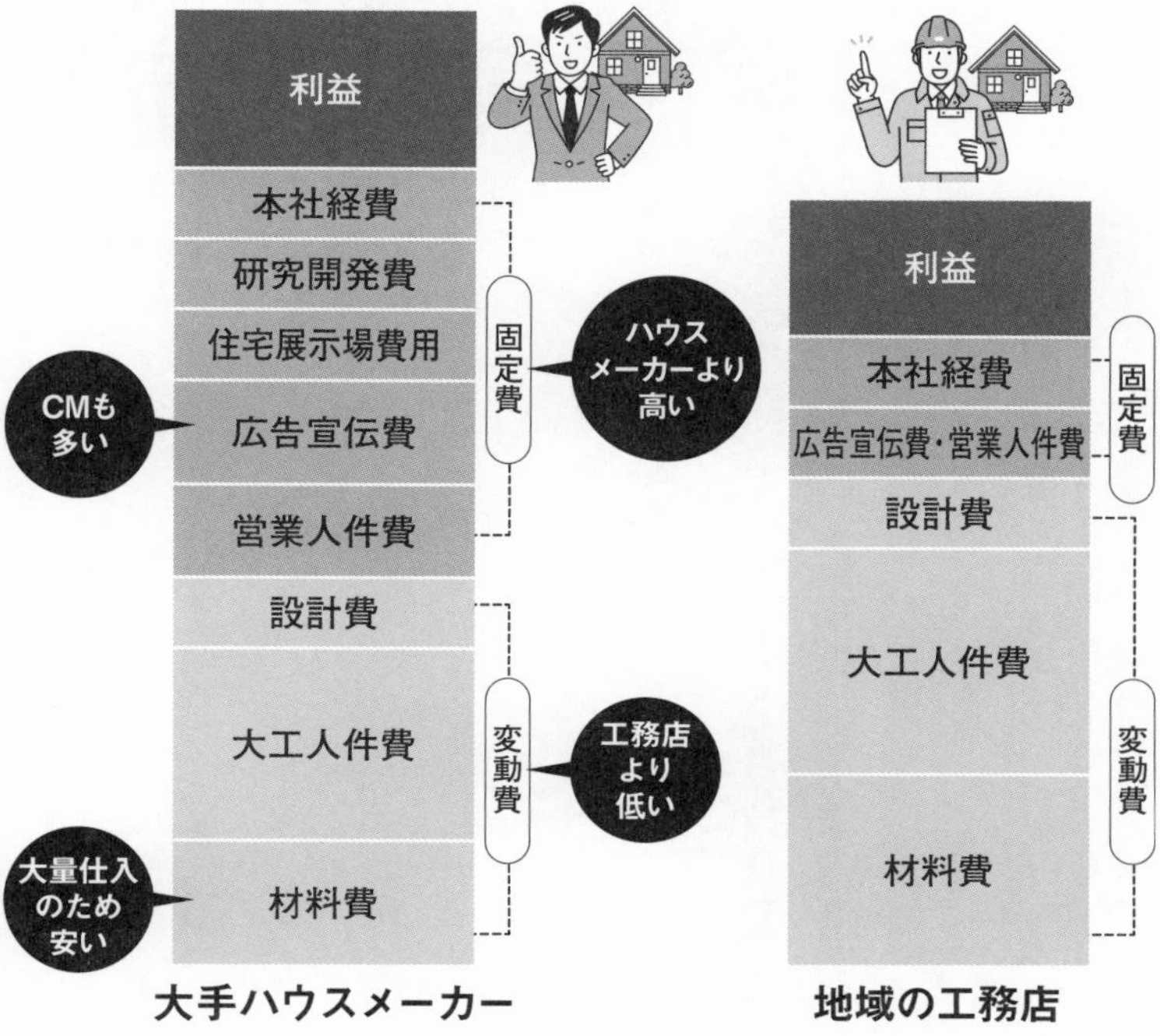

です。これは大量仕入をしている分、同じ材料でも安く仕入れることができるからです。大工さんの人件費は多くのハウスメーカーと工務店で同じような大工さんを外注として使っていますが、ここは多少安いくらいで材料費ほどの差はありません。

一方で**固定費は工務店よりもハウスメーカーの方が高い傾向**があります。ハウスメーカーはご存じの通りテレビCMもバンバンやっていますし、住宅展示場でもモデルハウスをたくさん構えています。高給取りの営業担当もたくさん抱えています。そのため販売のための費用を結構掛けています。また新素材・新工法の研究開発費や、巨大な本社を維持するための費用も工務店と比べて大きな費用負担となっています。

大手ハウスメーカーは限界利益が多い分、値引き対応力がある

売上から変動費を引いた金額を限界利益と言いますが、極端な話をすると**限界利益がマイナス（売上が変動費より少ない状態）**にならなければ、**売らないよりは売った方が会社の利益が増えます。**

イメージとしては、家賃・人件費などの固定費が30万円掛かっているラーメン屋で材料費などの変動費が300円だったとします。本来は1000円で販売してその利益を固定費に

充てる計画だとします。しかし、その際に400円でも売らないよりは売った方がマシですよね。その分、当初の計画よりもたくさん売らないと利益は残らないですが……。

その理屈と同じで、本来固定費が高く費用全体が高い大手ハウスメーカーは元々の価格が高いです。しかし、景気が悪くて販売が低調な際や、決算など会社の事情で何とか販売実績をあげないといけない場合、大胆な値引きをしてくれることがあります。

一方で、地域の工務店は元々の価格は高くないのですが、ハウスメーカー並みに値引きをしてしまうと変動費の方が高くなり逆ザヤになってしまうためハウスメーカーほどの値引きに応じてくれません。

住宅の値引きの駆け引きもコスト構造を知っていると冷静に対応できるものです。

●売上とコスト構造

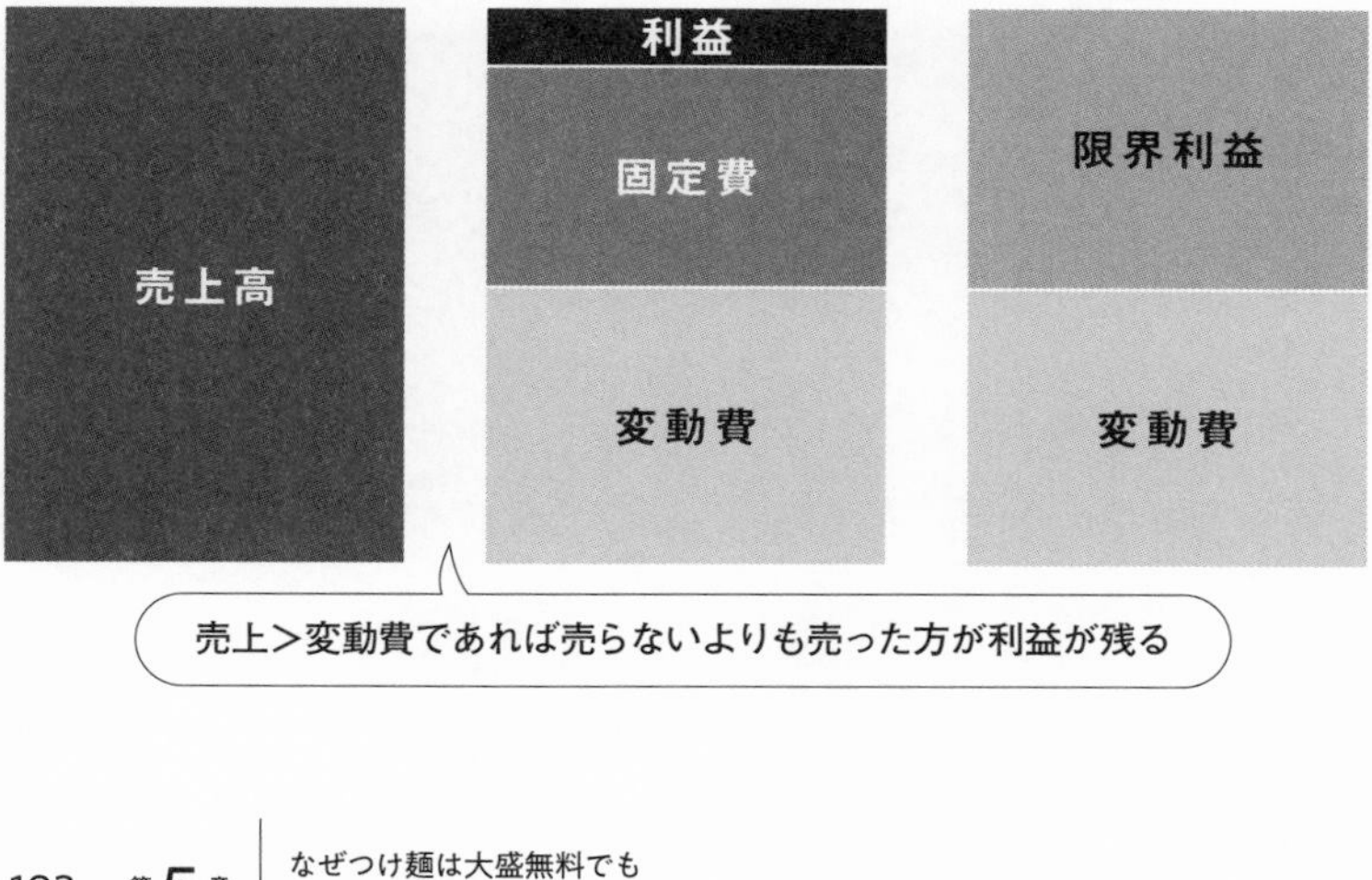

なぜすき家を経営するゼンショーは多角化を進めるのか？

すき家を運営するゼンショーが2023年4月にハンバーガーチェーンのロッテリアを買収しました。かつては往年のレジェンドメニューであるエビバーガーやロッテシェーキを武器に業界2位に君臨し、絶対王者マクドナルド相手に健闘していました。しかし、ライバルの次から次へと展開されるマーケティングに押され、マクドナルドはおろかかつて業界3位だったモスバーガーにも大きく水をあけられています。コロナ禍においてもマクドナルドとモスバーガーがデリバリーとテイクアウトで業績を伸ばしている中でロッテリアは赤字に転落し、苦戦を強いられていました。

買収した側のゼンショーは今回のロッテリアに限らず、これまでもココスジャパン、ジョリー・パスタ、華屋与兵衛、なか卯などを次々に買収し業容を拡大。日本で最大の外食チェーンとなりました。近年はスーパーマーケットや海外のすしチェーンなども買収し多角化を進めています。

なぜゼンショーは次々と企業を買収し多角化を進めるのか？

理由は大きく2つあります。

一つは**食材調達力の強化**です。ボリュームがあれば仕入先に対する発言力が増し、コスト面だけでなく需要逼迫時の優先的な仕入交渉も有利になります。すき家と吉野家の国内店舗数を比較すると2023年3月時点ではすき家1941店舗に対して吉野家1196店舗と約1・6倍となっています。メインの牛丼業態だけで考えても多少すき家の方に分があります。しかし、他の業態も含めたグループ全体の売上で見ると、4・6倍とかなり大きな差があります。

ゼンショーは積極的なM&Aで日本最大の外食チェーンに成長しており、**グループ全体の売上高で見ると2位のマクドナルドの倍以上の規模**となっています。圧倒的な仕入ボリュームに

	ゼンショー	吉野家HD	倍率
メイン業態の店舗数	1,941店舗	1,196店舗	1.6倍
連結売上高	7,799億円	1,681億円	4.6倍

※連結売上高：ゼンショーは2023年3月期、吉野家は2023年2月期

より強力な食材調達力を維持しているわけですね。

もう一つの理由は、食材の**効率的な活用**です。

かつて牛丼屋から牛丼が消えたことを覚えていますでしょうか？　２００３年12月24日、アメリカでＢＳＥが発生し、米国から牛肉の輸入が全面停止となりました。翌年２月には牛丼チェーン各社で牛丼の販売を中止しメインメニューが豚丼に切り替わるという予想だにしていない事態に陥りました。吉野家では全店舗で24時間牛丼を提供できるようになったのは２００８年３月と牛丼の販売を休止してから４年１ヶ月後のことでした。一方のすき家はというと、休止してから７ヶ月後の２００４年９月には早々に牛丼を復活させています。

なぜすき家と吉野家の牛丼復活のタイミングにここまで差ができたのか？　その理由はグループが抱えている業態の違いにあります。

下記の有価証券報告書とＨＰの資料を見ると、**吉野家ＨＤ**

●吉野家のセグメントごとの販売実績

セグメントの名称	販売高(百万円)	割合(%)
吉野家	112,775	67.09
はなまる	25,137	14.95
海外	25,362	15.09
その他	4,823	2.89
合計	168,099	

※吉野家有価証券報告書2023年2月期を基に作成
https://contents.xj-storage.jp/xcontents/AS08813/5256ee5a/8d7e/47d1/bd6d/e61757e97a05/S100QTWV.pdf

は売上の67・1%が牛丼の吉野家となっていま す。海外の吉野家を含めると実に約80%が吉野家業態。牛丼一本足打法と言っていいくらいの牛丼比率です。

一方のゼンショーはというと、決算説明資料によると**なか卯を含めた牛丼業態の売上比率は2023年3月期で33・6%と約3分の1**となっており、ファストフードやレストランなど幅広い業態を抱えています。

BSE問題が発生した当時、すき家はオーストラリア産牛肉を使用し、牛丼を再開させましたが吉野家はそれをしませんでした。もちろん、アメリカ産牛肉を使うことで吉野家の味を守りたいという意向はあったと思いま

●ゼンショーの前年差異カテゴリー別分析

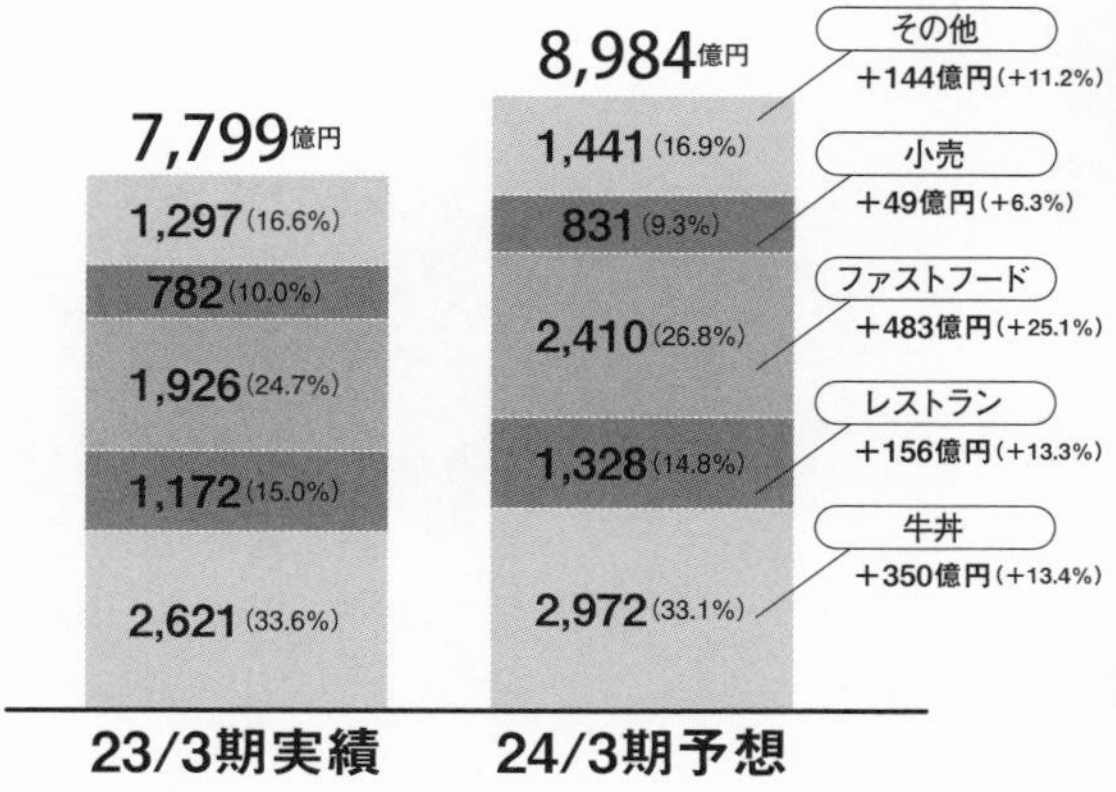

※ゼンショーホールディングス「2023年3月期決算説明資料」を基に作成
https://www.zensho.co.jp/jp/ir/resource/pdf/2023.5.HP.pdf

すが、吉野家はオーストラリア産牛肉を使いたくても使うことができなかったのです。

その背景にはアメリカ産牛肉とオーストラリア産牛肉では取引条件の違いがあります。アメリカ産牛肉は部位ごとのパーツ売りをしてもらえますが、オーストラリア産牛肉は基本的に一頭丸ごとのセット販売です。牛丼はショートプレートという脂身の多い安価なバラ肉の一部しか使用しません。そのため、パーツ売りのアメリカ産牛肉はとても使いやすいのです。しかしオーストラリア産牛肉の場合は、ショートプレート以外の部位もついてくるのでそれを使う必要があります。当時からココスやビッグボーイなど幅広い業態を抱えていたゼンショーは他の部位も問題なく使えますが、牛丼一本足打法の吉野家にはそれができません。そこが牛丼復活までの期間の差に繋がったわけです。

BSE発生当時、すき家は店舗数で吉野家と圧倒的に差をつけられていましたが、2008年には逆転。現在では逆に大きな差をつけています。

このように多様な業態を抱えることで食材を効率的に活用することができるようになるわけですね。

日本最大の外食チェーンとなったゼンショーがロッテリアを傘下に収め、今後ハンバーガーの絶対王者マクドナルドにどう立ち向かうのか注目です。

第6章

なぜコンビニでお金をおろさない人はお金持ちになれないのか？

人の行動特性を数字で考える

なぜ時短家電を買う人は年収が高いのか？

令和における三種の神器

1950年代後半、**白黒テレビ・洗濯機・冷蔵庫の家電3品目が「三種の神器」**と言われ、「もはや戦後ではない」という言葉と共に普及していきました。その後、1960年代半ばにカラーテレビ・クーラー・自動車の3つが「新三種の神器」、2000年代にデジタルカメラ・DVDレコーダー・薄型テレビが「デジタル三種の神器」としてもてはやされました。

それでは令和時代の三種の神器をご存じでしょうか？ **ロボット掃除機・乾燥機付きの洗濯機・食器洗い乾燥機の「時短家電三種の神器」**です。昭和生まれの磯野波平的な発想を持っている世代からすると家事で楽をするとは何事だ！ と思われるかもしれませんが、夫婦共働きが当たり前になった昨今、いかに家事を効率化するかということが平和な家庭環境を維持する上でとても重要です。家事が趣味であり癒やしの時間であるという場合を除けば、家事を省力化し、その時間を他に充てることは余暇を充実させる上でも、更には経済的に豊かになる上でも大切なことです。

年収から自分の時給を考える

そうは言っても、時短家電は高いから……と思われる方もいると思います。しかし、時短家電の投資額とそれで得られる時間の価値を考えると、間違いなく投資する価値はあります。

そもそも皆さんは自分の時給を把握して仕事をしていますでしょうか？　時給で働くアルバイトの方はもちろん把握していると思いますが、正社員で仕事をしていると年収は何となく把握していても自分の時給はあまり把握していない方が多いのではないかと思います。年間休日を１２５日、一日の労働時間を8時間で換算すると年収ごとの時給は下の図のようになります。

どうでしょう？　意外と高いなと感じられた方が多いのではないでしょうか？　タイム・イズ・マネーと昔から言いますが、自分の時給を考えた上で時間を使うことは最近流行のタイムパフォ

●年収1億円の人の時給は5万2083円

年収	300万円	500万円	700万円	1000万円	3000万円	1億円
時給	1563円	2604円	3646円	5208円	1万5625円	5万2083円

※年間休日125日、労働時間8時間/日で換算（税金は考慮しない）

ーマンスの観点からもとても重要です。

時短家電の費用対効果

それでは時短家電を使うとどれだけ時間を削減できるでしょうか？　我が家で見た場合、**ロボット掃除機で年間20時間、乾燥機付きの洗濯機で90時間、食器洗い乾燥機で60時間の家事の時短に繋がっています。**時給2600円（年収500万円）の場合、その経済的な効果は**ロボット掃除機で年間5万2000円、乾燥機付きの洗濯機で23万4000円、食器洗い乾燥機で15万6000円**となります。また節約した時間を家族との団らんの時間や仕事、または年収を上げるための自己啓発の時間に充てることができるようになります。

費用対効果で考えると、導入することで経済的にも精神的にも豊かに生活できることは間違いありません。

●時短家電の費用対効果

	ロボット掃除機	乾燥機付きの洗濯機	食器洗い乾燥機
時短時間（分）/回	10分	15分	10分
頻度（回）/月	10回	30回	30回
頻度（回）/年	120回	360回	360回
年間時短時間（分）	1200分	5400分	3600分
年間時短時間（時間）	20時間	90時間	60時間
2600円/時給で考えると	5万2000円	23万4000円	15万6000円

最新の時短家電は高価なので年収の高いお金持ちが買うものだと考える人もいるかもしれません。しかしお金持ちだから時短家電を購入するのではなく、そのような時間を大切にする思考プロセスを持っている人が、高い年収を得る人なのです。

時間は有限であり、人生において最も大切なものの一つです。その時間の使い方を数字で考え、合理的に判断することが有意義な人生を送ることに繋がります。

なぜコンビニでお金をおろさない人はお金持ちになれないのか？

往復1時間かけて手数料の掛からない銀行でお金をおろすのは得なのか？

所得が伸び悩み、様々な物の値段が上がる昨今、節約志向が強まっています。

しかし、節約したいがために、あまりにも非効率的な行動をしている人が世の中には多い気がしています。

例えば、私の友人は無駄な支出が大嫌いで、コンビニのＡＴＭでお金をおろすことに強い拒否反応を示します。どんなことがあっても時間内に口座のある銀行でしかお金をおろしません。時には往復1時間かけて口座のある銀行まで行ってお金をおろします。

私から見るととても信じられない行動です。なぜなら1時間かけて節約できるお金はたった１１０円です（セブン銀行のＡＴＭでは口座のある銀行・利用時間に応じて１１０円～３３０円の手数料が発生）。1時間という人生の貴重な時間を投資して得られる経済的な対価は１１０円しかありません。これは時給１１０円の仕事をするのと同じことを意味します。ちなみにその友人に、往復1時間掛かる銀行でお金をおろす仕事があって、その報酬が110円だったらやる？　と聞いたところ絶対にやらないと言われました。

「タイム・イズ・マネー」と昔から言われていますが、現代社会においては自分の持っている時間を切り売りすることで労働しお金を稼ぎます。適切な労働をすればもっと多くのお金を得ることができるかもしれないのに、少額の節約のために多大な時間を使っている人が世の中には多いと思います。

一円でも安い商品を求めて猛暑の中、複数のスーパーを自転車で回る主婦を見ると、そんな時間があるならスキルを磨いて自宅でできるパートでもすればいいのにとつい思ってしまいます。節約は麻薬みたいなもので、それが目的化し周りが見えなくなることもあります。

節約することが趣味であり、そのこと自体に喜びを感じるという方であれば全く問題ありません。しかし、人生を豊かにする手段として節約をするのであれば、投資する時間と削減できるお金のバランスをしっかり考えるべきだと思います。毎日入念にチラシを見てスーパーを何軒も回り、わざわざ遠くにある銀行でお金をおろす……。その結果、家族と会話をする時間が削られ、自分の趣味に使う時間もない……。更に言うとそういう人に限って、安いからといって商品を買いすぎダメにしてたりします（笑）。

前述の時短家電の項で説明した通り、年収５００万円の人の時給は２６００円です。それを大幅に下回る節約はタイムパフォーマンスの視点から言うと実にもったいない時間の使い方です。

経営コンサルタントという仕事柄、経営者など富裕層との付き合いが多いのですが、このような方々はとても忙しく、時間の価値をよく理解しています。だからこそ、１１０円の節約のために遠くの銀行にお金をおろしに行くことはまずありません。

タクシーの利用が多いのもタクシーの方が早く目的地に到着でき、車内で仕事の電話や資料の確認などができるからです。ある一部上場企業の役員とオンラインミーティングをする際は結構な割合でタクシーの中からです。

秘書を雇うのも、年間数百万の費用になりますが、単に楽をしたいというわけではなくそこで浮いた時間でそれ以上の収益をあげることができるという計算があるからです。

富裕層はパソコンやスマホなどデジタル機器の買い替え頻度も高い方が多いです。デジタル機器は日進月歩で進化しており、古くなると処理速度が遅くなり作業効率も悪化します。更にバッテリーの持ちが悪くなると、いざという時に使えないというビジネスパーソンとして致命的な状況に陥る可能性があります。富裕層でボロボロになったスマホを使い、常にモバイルバッテリーを持ち歩くような方はあまり見かけません。

外食をする際も、行列に並ぶ人は少ないです。行列に並ぶ時間がもったいないですし、疲労も溜まります。また無駄なトラブルに巻き込まれるリスクもあります。行きたい店があれば基本的に予約しますし、ランチをする際も混雑する時間は外していくものです。

往復何十万円も掛けて海外に行き、節約のために自炊をするのはもったいない

最近、海外旅行に行って自炊するという話を聞くことがあります。海外ではインフレや円安が進み、外食した際の費用が高いというのが理由です。しかし、長期で行くバックパッカーのような旅行ならともかく往復何十万円もの費用を掛けて海外に行き、数回しかないディナーの機会を自炊で済ますというのは実にもったいないことだと感じます。もちろん、現地のスーパーで売っているものを食べたい、ホテルの部屋でゆっくり夕飯を楽しみたい、小さい子供が居るので外食の負担が大きいなど特別な理由があれば別ですが、そこで節約のために自炊というのは、そこまで行く費用を考えるとてももったいない感じがしてしまいます。そこまで節約しないといけないなら無理に海外に行かずとも国内でも十分楽しい場所があると思うのですが……。

節約というキーワードを肯定し過ぎず、自分の時間を切り売りする労働という感覚を持ち、バランスを大切にしたいですね。

自分の時給、考えたことありますか？

年収	300万円	500万円	1000万円	1億円
時給	1,563円	2,604円	5,208円	52,083円

（年間休日125日、1日8時間労働で計算）

時短家電を使うと…

時給2600円の人の場合
（年収500万円）

ロボット掃除機

10分の時短×月10回で…

年間52,000円分の価値

乾燥機付き洗濯機

15分の時短×月30回で…

年間234,000円分の価値

食器洗い乾燥機

10分の時短×月30回で…

年間156,000円分の価値

コンビニでお金をおろすと…

［コンビニのATM
110円の手数料］

と言う人もいるが…

時給から考えると、
時短できた方が得かも

仮に往復1時間かけて
お金をおろして報酬110円の
仕事があってもやらないよね…

節約が目的化して
しまわないように注意！

時間とお金の
使い方次第で
より人生が豊かに

タイム・イズ・マネー！

自分の時間の価値を知り、有効活用しよう!!

なぜマヨネーズは450gを買うべきなのか？

店頭価格を見ると「大容量＝割安」は必ずしも正しくない

最近は家族構成も多様化しており、調味料売り場を見ると様々な容量の商品が並んでいます。私がかつて所属していたキユーピーの市販用マヨネーズも現在では8種もの容量の商品がラインナップされています。

皆さんは、どの容量のマヨネーズを購入していますでしょうか？

特にスーパーで購入するのであれば450gのマヨネーズを購入すべきです。

いやいや自分のようなどんな料理にでもマヨネーズを使ういわゆる〝マヨラー〟はお得な大容量が向いている、と考える方もいるかもしれません。

実際にキユーピーのHPにある参考小売価格（税込）を見てみるとg単価は容量が大きいほど割安になっています。

しかし、実際には大容量＝割安というのは必ずしも正しいわけではありません。211ページの図表は近所の某スーパーで実際に販売されていたキユーピーマヨネーズの店頭価格です。

なんと、驚くべきことに450gは容量の小さい350gより安く、g単価で見ても容量の大きな700gよりも割安でした。

目玉商品は政策的に安く売る

一体なぜこのような逆転現象が起きるのか？　それは売れ筋である450gは買い物客にとってそのスーパーの値頃感の判断基準になり、集客のためのチラシの目玉商品になりやすいからです。

小売業にはロスリーダーという考え方があります。ロスリーダーとは集客数を上げるため、収益を度外視して極端な低価格で販

●キユーピーマヨネーズ容量別参考小売価格

容量	130g	200g	350g	450g	700g	1000g
参考小売価格（税込）	194円	272円	430円	520円	783円	1107円
参考小売価格（税込）g単価	1.49円	1.36円	1.23円	1.16円	1.12円	1.11円

出典：キユーピーHP（情報更新日：2023年6月1日）

売する目玉商品のことを指します。

皆さんも小売店のチラシを見て、お買い得な商品目当てに来店することがあると思います。店側としても来店してもらいそれ以外の商品も購入してもらえれば全体として収支は合うと考え、多少損をしてでも目玉商品を用意します。そのため集客に繋がる売れ筋商品は政策的な価格設定にしているというわけですね。

なおマヨネーズに限らず、この日に店頭ではソースや

●キユーピーマヨネーズ容量別店頭小売価格

容量	130 g	200 g	350 g	450 g	700 g
店頭価格（税込）	181円	246円	408円	354円	559円
店頭価格（税込）g単価	1.39円	1.23円	1.17円	0.79円	0.8円

ただ開栓後は1ヶ月を目安に消費した方がいい

スーパーで購入するなら450gを購入すべき

チラシの目玉商品になりやすい

採算度外視したロスリーダーになりやすい

※店頭価格（税込）は、ヨークベニマル古川福浦店（2023年4月2日）にて調査

ウイスキーなど売れ筋の容量のものが小さな容量のものよりも安い価格で販売されていました。

鮮度の観点からも大容量を買うべきではない

更に食品でいうと、**鮮度の観点からもあまり大容量のものはオススメしません。**現在マヨネーズの賞味期限はチューブタイプのもので10～12ヶ月となっています。それだけの期間があれば容量が大きくても使い切れると思われそうですが、メーカーのＨＰには下記のような文言があります。

「開栓後は賞味期限に関わらず、冷蔵庫（1℃～10℃）に保存し、**1ヶ月を目安に**召しあがってください。」

マヨネーズは主成分が油と酢なので、防腐剤などを入れなくても腐敗することはありません。しかし一度空気に触れると原料である油が徐々に酸化し、味が落ちていってしまうためメーカーとしては開栓後早めに使用することを推奨しています。

また冷蔵庫の調味料スペースも調味料は４００～５００ｇ程度のチューブを入れることを前提としており、１kgのチューブは出し入れが大変です。

実はメーカーとしても売れ筋が売れてくれるのが一番ありがたいのです。ニーズの多様化から昨今は様々な容量がラインナップされています。最近では小ロット多品種生産に対応してきているものの、やはり同じものを大量に作って販売する方が生産面でも物流面でも低コストです。どこのメーカーでも売れ筋商品の利益率が一番高いからです。

このようにお得に美味しく、冷蔵庫のスペースとメーカーの効率を考えてもマヨネーズは450gを買うべきなのです。

なぜアメリカ人は多額の寄付をするのか？

アメリカの個人寄付額は日本の30倍

２０２２年9月、アウトドア用品大手、パタゴニアの創業者であるイボン・シュイナードが本人と家族で保有する同社の発行済み株式の全て（30億ドル）を環境ＮＰＯなどに寄付したことが話題になりました。

著名投資家のウォーレン・バフェットも個人資産の99％以上を占めるバークシャー・ハサウェイの持ち株47万４９９８株を全て寄付すると表明しており、アマゾン・ドット・コムの創業者で会長を務めるジェフ・ベゾスも１２４０億ドルにのぼる個人資産の大半を寄付する意向を発表しています。

アメリカではマイクロソフトの創業者、ビル・ゲイツらが社会貢献キャンペーン「ギビング・プレッジ」を立ち上げ、世界の富豪に資産の半分以上を慈善活動に寄付することを呼びかけるなど富裕層の寄付が盛んです。

『寄付白書２０２１』（日本ファンドレイジング協会）によると**アメリカの個人寄付額は34兆５９４８億円にのぼり、日本の約30倍**です。名目ＧＤＰ比で見ても人口一人当たりの寄付額で見てもケタ違いの規模となっています。

このようにアメリカ人は多額の寄付をしていますが、その背景にあるものは一体何なのでしょうか？

アメリカ人が多額の寄付をする理由

まず一つに宗教的な背景があります。

キリスト教の精神の一つに「富める人は貧しい人に分け与えるべき」というものがあり、ユダヤ教でも戒律の中で慈悲を挙げています。このように根底には神の教えに沿って寄付をするという部分があります。

また貧富の差が大きいことも要因の一つです。ご存

●日米の個人寄付額の比較

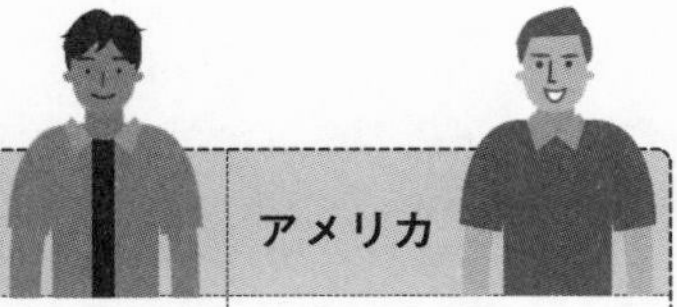

	日本	アメリカ
寄付額	1兆2126億円	34兆5948億円
名目GDP比	0.23%	1.55%
人口一人当たりの寄付額	9654円	10万3330円

※『寄付白書2021年』（日本ファンドレイジング協会）のデータを基に作成
https://jfra.jp/pdf/gj2020_infographic.pdf

じのようにアメリカにはGAFAMの創業者や前述のバフェットのような投資家など想像を絶する富豪がいる反面、貧しい生活をしている人々もたくさんいます。そんな状況を目の当たりにして人として自分だけ良ければいいのか？　と考えることもあると思います。

ビル・ゲイツが、過去テレビのインタビューで寄付について質問され、「消費には限度があり、本当に自分が価値があると思えるものが何なのかを、考えなくてはいけない」とコメントしています。

以前ある富裕層の方が資産が10億円を超えるあたりから資産が増えることによる効用は低下するし、生活水準もあまり変わらなくなってくると聞いたことがあります。実際、個人資産が１０００億円でも２０００億円でも生活は変わらないと思うので、いかにして人のためにお金を使うべきかと考えるようになりそうですね。

このように宗教的・格差の背景から寄付をすることが文化として根付いているのだと思います。アメリカを旅行すると分かりますが、学校、図書館、研究所、美術館、博物館など、寄贈者の名前が付いた建物がとても多いです。日本だとそういうことをすると時に「売名行為」と揶揄されることがありますが、アメリカでは教育や芸術を支援し、名前を記すということが名誉であり賞賛されるべきことなのです。

なおアメリカでは前述のような富豪の寄付が話題になりますが、実は一般人も日常的に寄付を行っており、約90％の家庭が慈善事業に寄付をしているそうです。お金があるから寄付をするというよりも寄付をすることが文化になっています。

世界寄付指数の総合ランキングで日本は119ヶ国中118位

イギリスの慈善団体「チャリティーズ・エイド・ファンデーション（CAF）」が毎年発表するWorld Giving Index（世界寄付指数）2022では「この1ヶ月の間に、見知らぬ人を助けたか？」「この1ヶ月の間に寄付をしたか？」「この1ヶ月の間にボランティアをしたか？」の3つの項目に対する調査を行っております。

日本は3つの総合ランキングで119ヶ国中118位という残念な結果となっています。

●寄付に関する残念なランキング

	順位
総合ランキング	118位／119ヶ国中
この1ヶ月の間に、見知らぬ人を助けたか?	118位／119ヶ国中
この1ヶ月の間に寄付をしたか?	103位／119ヶ国中
この1ヶ月の間にボランティアをしたか?	83位／119ヶ国中

※World Giving Index（世界寄付指数）2022＜CAF＞を基に作成
https://www.cafonline.org/docs/default-source/about-us-research/caf_world_giving_index_2022_210922-final.pdf

以前ある方から、「お金持ちになったら寄付をしようと思っている人は、結局お金持ちになっても寄付しない」という話を聞かされてハッとしたことがあります。

人間はやはり自己中であり、物欲もあります。しかし、今の自分の生活を与えてくれている社会に対する感謝の想いを込めて小さくてもできることをやってみようと思いました。

そのお話をしてくれた方が、毎年自分の誕生日に一年無事に過ごせたことの感謝の意味を込めて寄付をしていると聞いたので、私もそれ以来同じように（少額ですが）誕生日に寄付をし始めました。現在では毎月定期的に2カ所に寄付をするようにしています。

なぜ初対面なのにその人の記念日が分かるのか？

記念日は車のナンバーから推測可能

私は時折、初対面の人の記念日を当てて驚かれることがあります。私はもちろん、超能力者ではありませんし、個人情報のデータベースにアクセスできる権限があるわけでもありません。大切なのは注意深く見る観察力と世の中のルールや仕組み、そして確率で物事を考える力です。

初対面なのにその人の記念日が分かるというのはどういうことか？　それは**車のナンバープレートに秘密**があります。経営コンサルタントとして仕事をする際に、地方に行くと公共交通機関があまり無く、車で迎えに来てもらうことが多いです。その際に私はまず車のナンバープレートをチェックするようにしています。

ご存じの方も多いと思いますが、車のナンバーには**「希望ナンバー制度」**というものがあり、希望すると自分の好きな番号を選ぶことができます。一部の人気ナンバー、例えば1、

7、8や一部のゾロ目は全国一律で抽選、それ以外でも地域によって抽選になるナンバーがあります。抽選されないナンバーについては基本的に自分の好きなナンバーを選ぶことが可能です。

なお、希望ナンバー制度を利用しているかどうかは、地域名の横の3桁の番号で判断できます。普通車であれば330以降、もしくは530以降。軽自動車であれば483以降、もしくは583以降であれば希望ナンバーで

●どうすれば希望ナンバーを選べるのか

1　希望ナンバー制度を利用できる場合

1. 新規登録を行う場合
2. 管轄変更を伴う名義変更(移転登録)または転居による住所変更(変更登録)を行う場合
3. 現在のナンバープレートが破損、汚損した場合
4. 登録自動車と軽自動車が対象。ただし、軽自動車は自家用自動車(レンタカー及び駐留軍人軍属私有車両等を除く)のみが対象
5. 二輪自動車は対象外

2　希望できる番号

1. 4けた以下のアラビア数字(1〜9999)の部分のみ自由に選べる
   ※地域名表示・分類番号・ひらがなは選べない

3　希望番号の種類

1. 希望番号には抽選対象希望番号と一般希望番号とがある
2. 抽選対象希望番号とは、特に人気が高いため、自家用自動車(レンタカー除く)に限り、毎週1回月曜日に抽選を行い、当選した方のみが取得できる番号(事業用自動車及び駐留軍人軍属私有車両等は抽選対象外)

●全国一律の抽選対象番号

1・7・8・88・333・555・777・888・1111・2020・3333・5555・7777・8888

出典：自動車検査登録情報協会HP「希望ナンバー制度」
https://www.airia.or.jp/info/number/04.html

す。またアルファベットが含まれているものも希望ナンバーです。最近では希望ナンバーで特定の数字に人気が集中しているため、当初希望ナンバーではなかった３０１〜３２９や５０１〜５２９も希望ナンバーで使われ始めていますが、３３０以降、５３０以降、４８３以降、５８３以降、アルファベットは希望ナンバーで確定です。まずはその車のナンバーが希望ナンバーなのかを確認します。

日付にできる数字は実は27分の1しかない

希望ナンバーであったことを確認したら４桁の選んだナンバーに注目します。この数字が日付の数字、例えば7月16日なら「・７１６」、10月12日なら「１０１２」かどうかです。希望ナンバーでかつ、日付を表せる数字になっていれば、かなり高い確率で誕生日や結婚記念日、会社の創業記念日など何かの記念日です。私のこれまでの経験では95％以上がそうでした。過去に一度だけ占いか何かで言われたのでその番号にしたという方がいましたが、それ以外は「なぜ分かったのですか⁉」ととても驚かれました。

４桁の番号なんていろんな組み合わせがあるし、そんなに当たるの？　と思われるかもしれませんが、実はナンバープレートの４桁の数字の中で誕生日になり得る数字はかなり限られます。ナンバープレートは１〜９９９９まであり、欠番である42と49を除くと９９９７通りの数字があります。（ちなみに国内の米軍基地関係者などが使用する、一般的にはひらがな表記の部分がアルファベットで分類される駐留軍人・軍属私有車両等の車では「13」が使われません。）その中で１月１日から12月31日になり得るのは３６５通りしかありません（うるう年を入れると３６６通り）。つまりナンバープレート全体の27分の１しか誕生日に使えるナンバーは無いわけです。

希望ナンバーで敢えて全体の27分の１しかない数字を選ぶということは誕生日や結婚記念日など記念日以外である確率はかなり低いです。（なお、ナンバープレートを

●記念日は車のナンバーでかなり分かる

誕生日は12月10日ですよね？
何で分かったんですか？
TANJOBI
12-10
誕生日で使えるナンバーは３６５通り
27分の１しか誕生日に使えるナンバーは無い

記念日にしている方はいろんな暗証番号もそれにしていることがありますが、その場合は暗証番号を言いふらしているのと同じなので変更することをオススメします。)

初めて車に乗せてもらう際に、「○月○日が記念日なのですか?」と聞き、その根拠を説明すると相当観察力のある人だと思ってもらえます。他愛のないことですが、ナンバープレートをよく見ることでいろんなことが見えてくるので、皆さんも是非観察してみてください。

なぜふるさと納税の返礼品は1万円の商品を選ぶべきなのか？

ふるさと納税の寄付額は全国で約1兆円

皆さん、ふるさと納税はされていますでしょうか？　制度について賛否両論ありますが、実質２０００円の負担で全国の特産品をもらえるというお得な制度で、利用者が年々増加しています。

ふるさと納税に関する現況調査結果（令和５年度実施）によると、令和４年度（２０２２年度）の寄付額は前年度比１・２倍の総額９６５４億円と右肩上がりに増えており、利用している人も前年度比１・２倍の８９１万人に達しています。一部の年金受給者でも利用している方はいると思いますが、日本の労働力人口が６８６０万人（２０２１年）ということを考えると労働者の８人に１人くらいは利用していると考えられます。かつては「ふるさと納税って何？」と言われていましたが、最近では「まだやっていないの？」という雰囲気にな

●ふるさと納税の受入額及び受入件数の推移（全国計）

令和４年度の実績は、約9,654億円（対前年度比：約1.2倍）、約5,184万件（同・約1.2倍）。

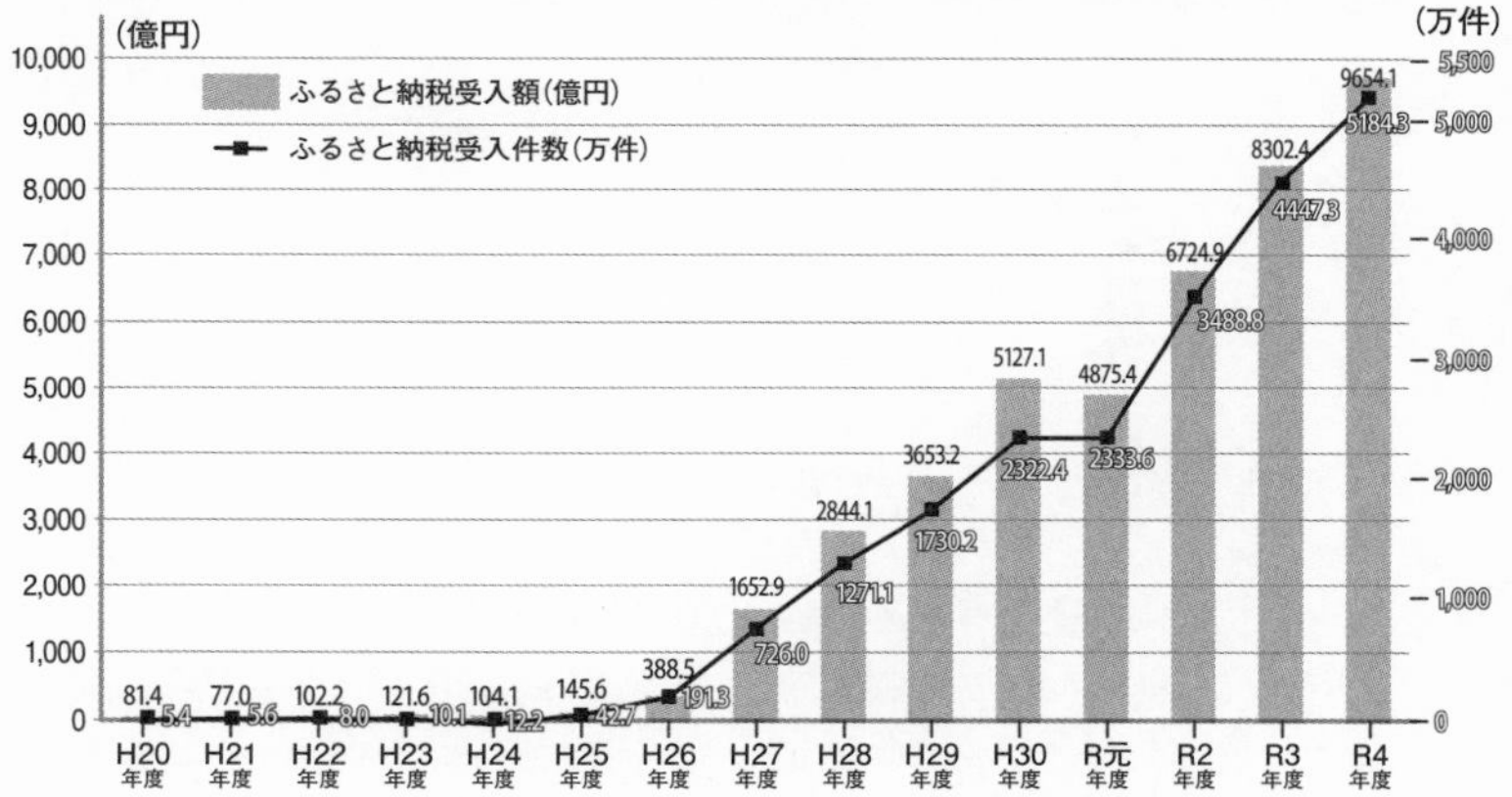

●ふるさと納税に係る住民税控除額及び控除適用者数の推移（全国計）

令和5年度課税における控除額の実績は約6,797億円（対前年度比：約1.2倍）、
控除適用者数は約891万人（同・約1.2倍）。

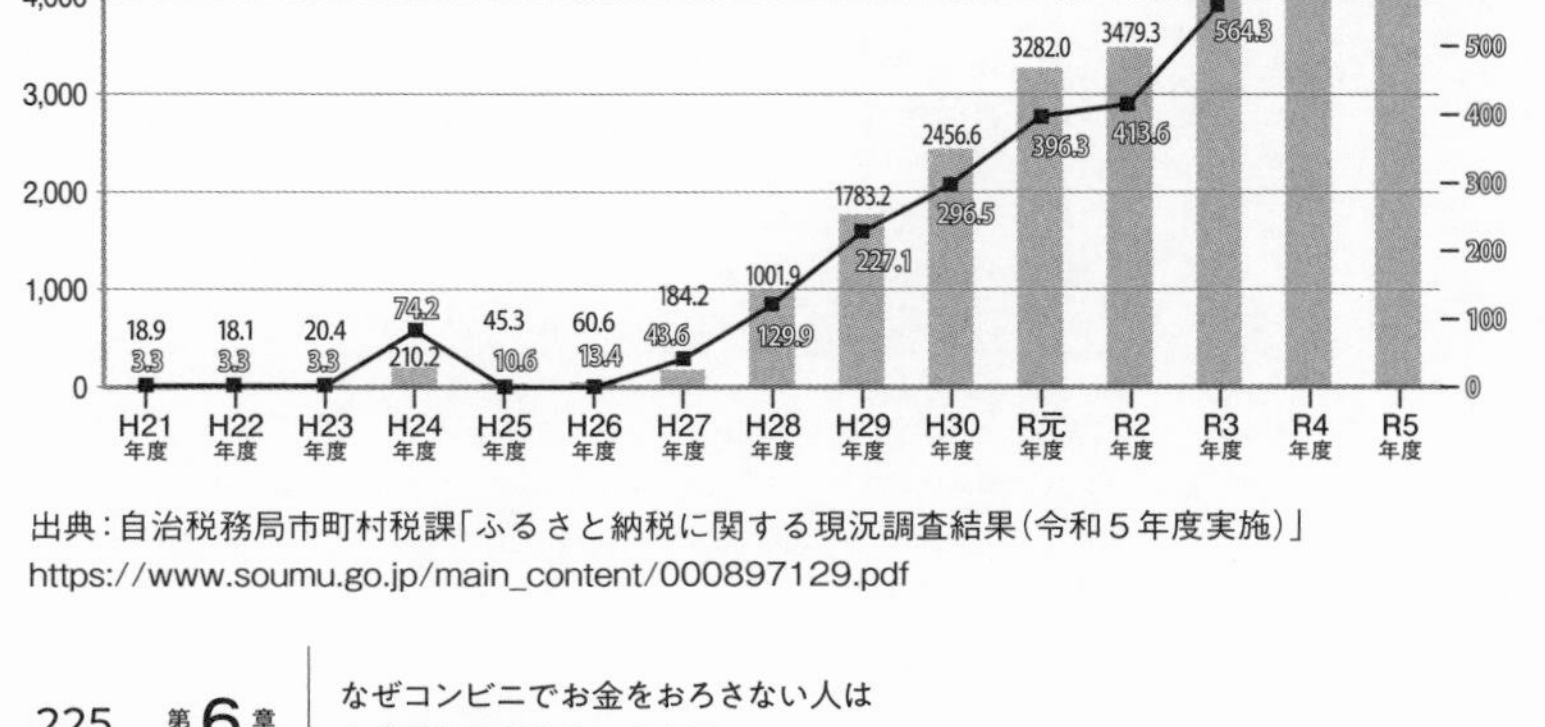

出典：自治税務局市町村税課「ふるさと納税に関する現況調査結果（令和５年度実施）」
https://www.soumu.go.jp/main_content/000897129.pdf

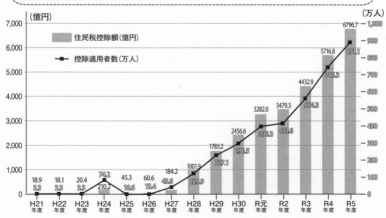

ってきた気がします。

市町村の財政に与える影響も大きくなってきており、北海道紋別市や宮崎県都城市は200億円近い寄付額を集めていますし、北海道白糠町のように税収10億円弱に対して、ふるさと納税の寄付額で約150億円を集めている自治体もあります。

ふるさと納税は1万円程度の返礼品がお得

ふるさと納税の返礼品に何を選ぶのかを年末の楽しみにしている方もいるかと思います。

所得が多く、寄付可能額が大きい方の場合、探すのも手続きも面倒なので一括で高額な返礼品を選ぶ方もいるかと思います。しかしお得に枠を使いたいということであれば、面倒でも

●ふるさと納税人気の自治体ランキング　(単位:千円)

	自治体	寄付金額	人気の返礼品例
1	宮崎県 都城市	19,592,615	宮崎牛、都城産豚「高城の里」
2	北海道 紋別市	19,432,906	ほたて、ズワイガニ、いくら
3	北海道 根室市	17,612,782	ウニ、ホタテ、花咲ガニ、いくら
4	北海道 白糠町	14,833,646	ホタテ、いくら
5	大阪府 泉佐野市	13,771,905	牛タン、サーモン、豚肉
6	佐賀県 上峰町	10,873,990	さがびより、佐賀牛、うなぎ
7	京都府 京都市	9,507,775	旅行クーポン
8	福岡県 飯塚市	9,085,607	ハンバーグ、コーヒー、もつ鍋
9	山梨県 富士吉田市	8,806,033	シャインマスカット、炭酸水
10	福井県 敦賀市	8,748,810	ズワイガニ、むき海老
11	静岡県 焼津市	7,574,376	マグロ、ビール
12	北海道 別海町	6,943,401	ホタテ、いくら、別海牛
13	兵庫県 加西市	6,360,752	家電(アラジン)、日用品
14	愛知県 名古屋市	6,323,168	家電(SIXPAD、ReFa)
15	鹿児島県 志布志市	6,219,600	うなぎ、黒毛和牛、黒豚
16	茨城県 境町	5,953,487	米、うなぎ、常陸牛
17	宮崎県 宮崎市	5,653,225	うなぎ、黒毛和牛
18	茨城県 守谷市	5,574,189	アサヒビール、R-1
19	千葉県 勝浦市	5,534,178	鮭、塩サバ、西京漬け
20	新潟県 燕市	5,494,879	家電、包丁、フライパン

※ふるさと納税ガイド
「ふるさと納税人気の自治体ランキングBEST50」を基に作成
https://furu-sato.com/magazine/37466/

寄付額1万円程度のものを複数選ぶべきです。なぜなら寄付額1万円程度の返礼品は非常にお得な商品が揃っているからです。

ふるさと納税では総務省は過度な競争を抑えるため、2019年6月に「返礼品の調達額は3割以下にすること、またその他の費用をあわせたふるさと納税の経費総額費用を5割以下にすること」がルールとして厳格化されました（2023年10月以降はポータルサイトの手数料や寄付金受領証の発行にかかる費用など、これまでに含めていなかった経費も含めて5割以下）。

そのため返礼品のお得度にはそれほど大きな差は無いと考える方も多いと思います。しかし、ここで重要なのは調達コストです。総務省から指示されているルールは返礼品の一般的な販売価格ではなく調達額が寄付額の3割以下となっています。つまり、安く仕入れることができるほど同じ寄付額でお得な返礼品を送付することができるようになります。寄付額1万円程度の返礼品は利用する人数が圧倒的に多いため数量が多く出る価格帯です。そうすると一括で低コストの仕入をすることができ、その分お得な商品が多くなります。また1万円程度の返礼品はボリュームゾーンであるため、自治体ごとの競争が一番激しい価格帯であることもお得な返礼品が多い要因の一つです。

実際、本当に寄付額1万円程度の返礼品がお得なのか？　ふるさと納税を取り扱うサイトでは、返礼品の還元率というものを表示しているサイトもあります。還元率とは何かというと、寄付金額に対する返礼品の市場価格の割合です。寄付額が1万円で返礼品の市場価格が5000円であれば50％と算出されます。このランキングを見ると、やはり上位にランクしているのは寄付額1万円程度の返礼品ばかりです。還元率で見ると100％を超えるものも珍しくありません。つまり1万円の寄付で1万円以上の返礼品が貰えてしまうということです。もはや寄付という名のネット通販ですね。

近年は前述したようにふるさと納税の市場規模が急激に大きくなってきています。それに合わせて自治体の調達力も増え、調達コストも低くなってきています。特にふるさと納税で大きな寄付を受けている自治体ではその傾向が顕著になると思われます。ふるさと納税については都市部を中心に税収の流出も大きな問題になってきていますが、還元率の競争は更に激化すると思われます。

第
7
章

なぜ少子化なのに塾が増えているのか？

社会の疑問を数字で考える

なぜ少子化が進んでも高齢者寄りの政策が多いのか？

2022年の出生数80万人割れは国の推計を11年も前倒し

厚生労働省の発表によると、2022年の出生数は前年比5％減の77万747人となりました。80万人割れは統計を取りはじめた1899年以降初めてのことです。出生数が100万人を割り込んだのが2016年であり、80万人割れの時期が2017年時点の国の推計より11年も早かったことから想定を大きく上回るペースで少子化が進んでいることが分かります。

私の母校である宮城県にある小学校は少子化の影響で近隣の3つの小学校と統合しました。私が小学生だった頃は1学年48名でした。今年の新入学も48名と4つの小学校が統合して同じ児童数ということで特に地方の少子化が深刻であることを実感します。

2022年の合計特殊出生率は前年から0・05ポイント低下し、1・26となり、2005

●出生数と合計特殊出生率の推移

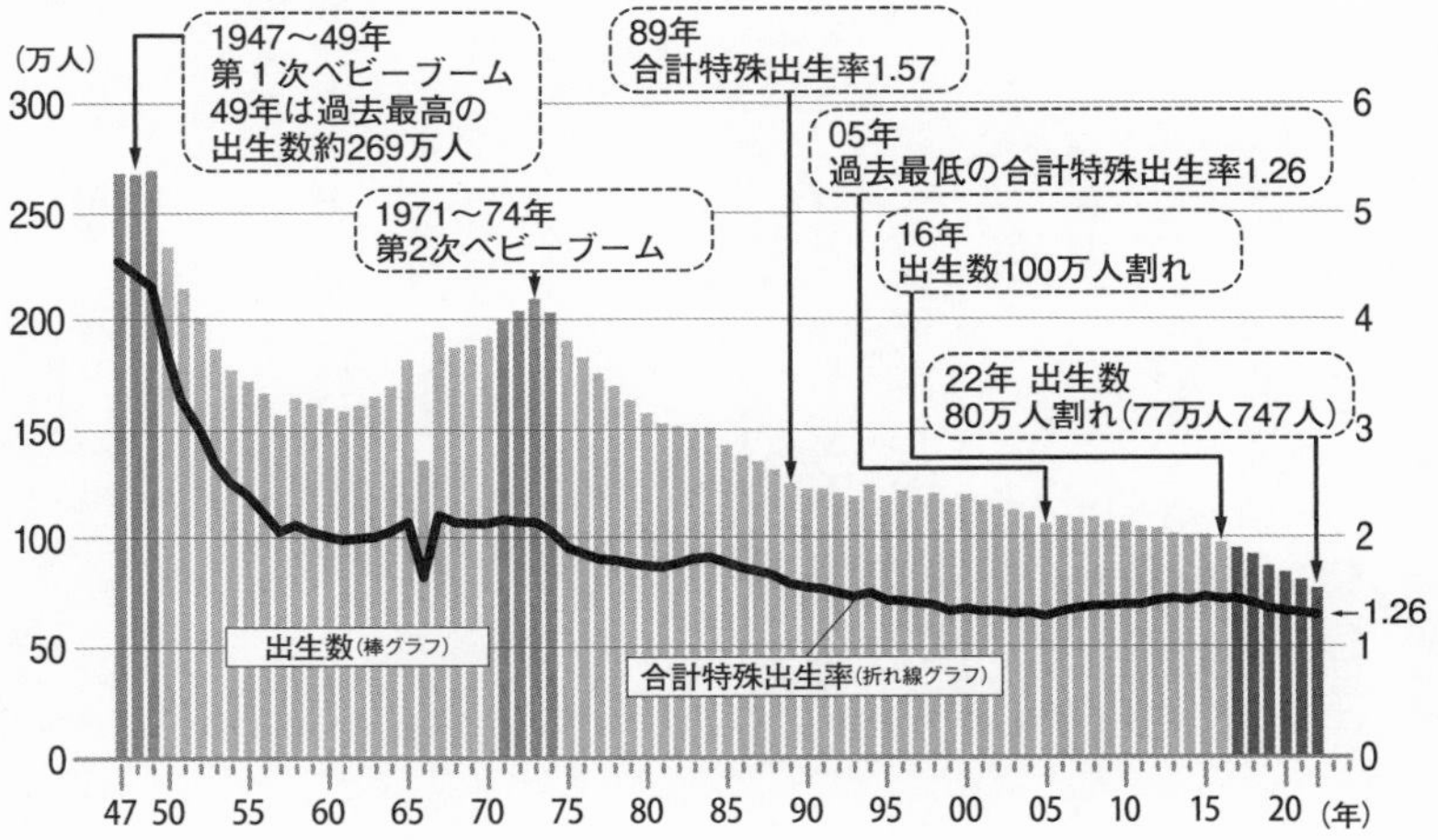

出典：東京新聞（2023年3月1日）
https://sukusuku.tokyo-np.co.jp/birth/67287/を基に作成

年と並び過去最低。先進国の中でも長年低位となっています。

日本は子供・子育て支援予算が少ない

かつてより少子高齢化が進んでいる日本ですが、その要因の一つに**子供・子育て支援に関する予算が少ない**ことが指摘されています。内閣官房の資料によると2017年時点の**子供・子育て支援の予算はGDP比で1・79%**ですが、**これは子育て支援先進国のフランスやスウェーデンの半分程度の水準**です。私も3人の子供を育てていますが、食費・娯楽費・衣料費などの他、習い事や塾代など想像していた以上の出費があります。経済的な理由で出産をためらうのもよく分かります。

投票全体に占める30歳代以下の割合は18・9%

しかしなぜ日本はこれほどまでに少子化が深刻にもかかわらず、子育て支援の予算が少ないのでしょうか？

その理由の一つに**若者の投票率の低さ**があります。2021年のOECD調査によると、**加盟国の中で国政選挙における若年層（22〜29歳）の投票率がもっとも低かったのは日本**であり、世界的に見てもいかに日本の若者が選挙で投票していないかが分かります。

特に日本は少子高齢化が進み高齢者の比率が高い現状から投票総数に占める若者の投票

●日本の子供・子育て支援は国際的に低水準

子供・子育て支援に対する公的支出（対GDP比、2017年）

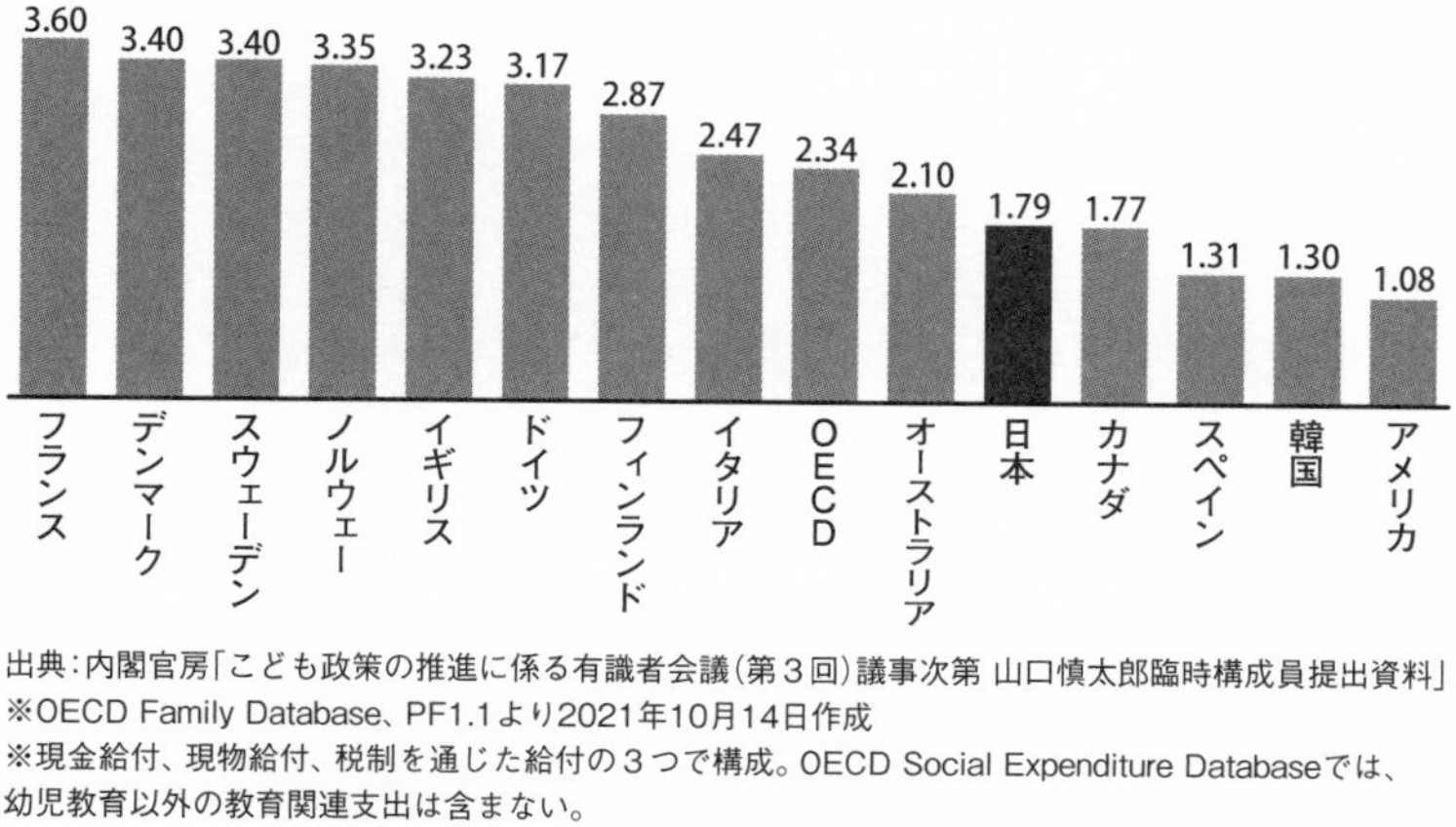

出典：内閣官房「こども政策の推進に係る有識者会議（第３回）議事次第 山口慎太郎臨時構成員提出資料」
※OECD Family Database、PF1.1より2021年10月14日作成
※現金給付、現物給付、税制を通じた給付の３つで構成。OECD Social Expenditure Databaseでは、幼児教育以外の教育関連支出は含まない。
https://www.cas.go.jp/jp/seisaku/kodomo_seisaku_yushiki/dai3/rinji_siryou5.pdf

数の割合がとても少なくなります。総務省から発表されている2022年10月1日現在の年代別人口と2021年の衆院選の投票率を掛け合わせると下記のようになります。

なんと30歳代までの全体に占める割合は18・9%と5分の1にも満たず、40歳代まで入れても3分の1程度です。この状況では政治家が高齢者寄りの政策を打ち出す背景も納得できますね。昨今の政治がシルバー民主主義と言われる所以です。

若者の声を反映させるためにネット投票を導入すべき

このようないびつな投票比率になっている現状を改善し、子育て世代の意見が届く政治

●年代別の投票比率

年代	日本人人口※1	投票率※2	投票数	全体の投票数に占める割合	比率合計①	比率合計②
18・19歳	2,222千人	43.21%	960千票	1.59%	18.9%	34.5%
20歳代	11,777千人	36.50%	4,299千票	7.12%		
30歳代	13,008千人	47.12%	6,129千票	10.16%		
40歳代	16,988千人	55.56%	9,439千票	15.64%	81.1%	
50歳代	17,510千人	62.96%	11,024千票	18.27%		65.5%
60歳代	14,980千人	71.43%	10,700千票	17.73%		
70歳代以上	28,701千人	61.96%	17,783千票	29.47%		

※1：2022年10月1日現在の人口（総務省）、
※2：2021年衆議院議員総選挙の投票率（総務省）を基に作成
https://www.stat.go.jp/data/jinsui/2022np/index.html
https://www.soumu.go.jp/senkyo/senkyo_s/news/sonota/nendaibetu/

に変えていくために若者の投票率を上げる必要があります。しかし、そうは言っても現役世代は仕事や子供の行事などで忙しく、なかなか投票に行けないという事情もあります。ベルギーなどのように投票を義務化して投票しないと罰金を科すということもありだと思いますが、まずは手軽に投票できる制度にすべきだと思います。アメリカでは美術館やスーパー、美容院、プールなどいろんな場所で投票できるようで、わざわざそのために時間を作るというハードルは低そうです。

また気軽という意味で一番効果が高いのはネット投票ではないでしょうか。ネットで投票ができれば投票をするハードルは一気に下がります。天気が悪くて投票に行く人が少なくなり、特定の党に有利になることも無くなりますし、集計のスピードも格段に速くなります。初期投資は莫大に掛かると思いますが、現在の投票所運営の社会的なコストを考えれば安いものだと思います。実際エストニアでは国政選挙もネット投票が導入されています。不正アクセスの問題など課題は多いと思いますが、馬券の購入などは随分昔からネットが利用されていますが大きな問題が起きたということはあまり聞きません。多少のリスクはあるかもしれませんが、それ以上のメリットがあるのではないでしょうか。

コロナ禍をきっかけにオンラインの仕組みも整備され、社会の認識も変わりました。少子化に歯止めを掛けるためにも、是非ネット投票の導入を進めてほしいものです。

なぜ少子化なのに塾が増えているのか？

前述の通り2022年の出生数は統計を取り始めた1899年以降初めて80万人を割り込みました。団塊の世代のピークで約269万人（1949年）、第二次ベビーブームのピークで約209万人（1973年）だったことを考えると本当に少子化が進んでいることが分かります。

私の生まれ故郷は宮城県の古川という街です。他の地方の街と同様、ご多分に漏れず少子高齢化が進んでいます。前述のように私の通っていた小学校も近隣の3つの小学校と統合し、遠方の児童はスクールバスを使って通学しています。

しかしそれだけ少子化が進んでいるにもかかわらず、帰省時に感じるのは以前と比べて街全体は寂しくなってきている中で塾が増えたということです。思えば出張でいろんな場所に行っていますが、コンビニさえろくに無いような場所でも意外と塾を見かけます。

矢野経済研究所の調査によると、教育産業全体の市場規模はコロナで一時的に落ち込んだものの、その後は堅調に拡大しており今後も堅調に推移していくことが予想されています。

少子化が進み、これだけ子供の数が激減しているにもかかわらず、なぜ教育産業の市場規模は拡大しているのでしょうか？

その理由は**少子化が進んだことで子供1人にかける教育費が増加しているため**です。

15歳から49歳までの女性の年齢別出生率を合計した合計特殊出生率は、ピークだった1947年の4・57人から2022年には1・26人まで低下しています。つまり一家で養わないといけない子供の人数がかつての4分の1程度にまで低下しているわけですね。私が生まれた1978年でも出生率は1・79人。当時と比べても現在は、約3割少ないです。その分、1

●教育産業の市場規模

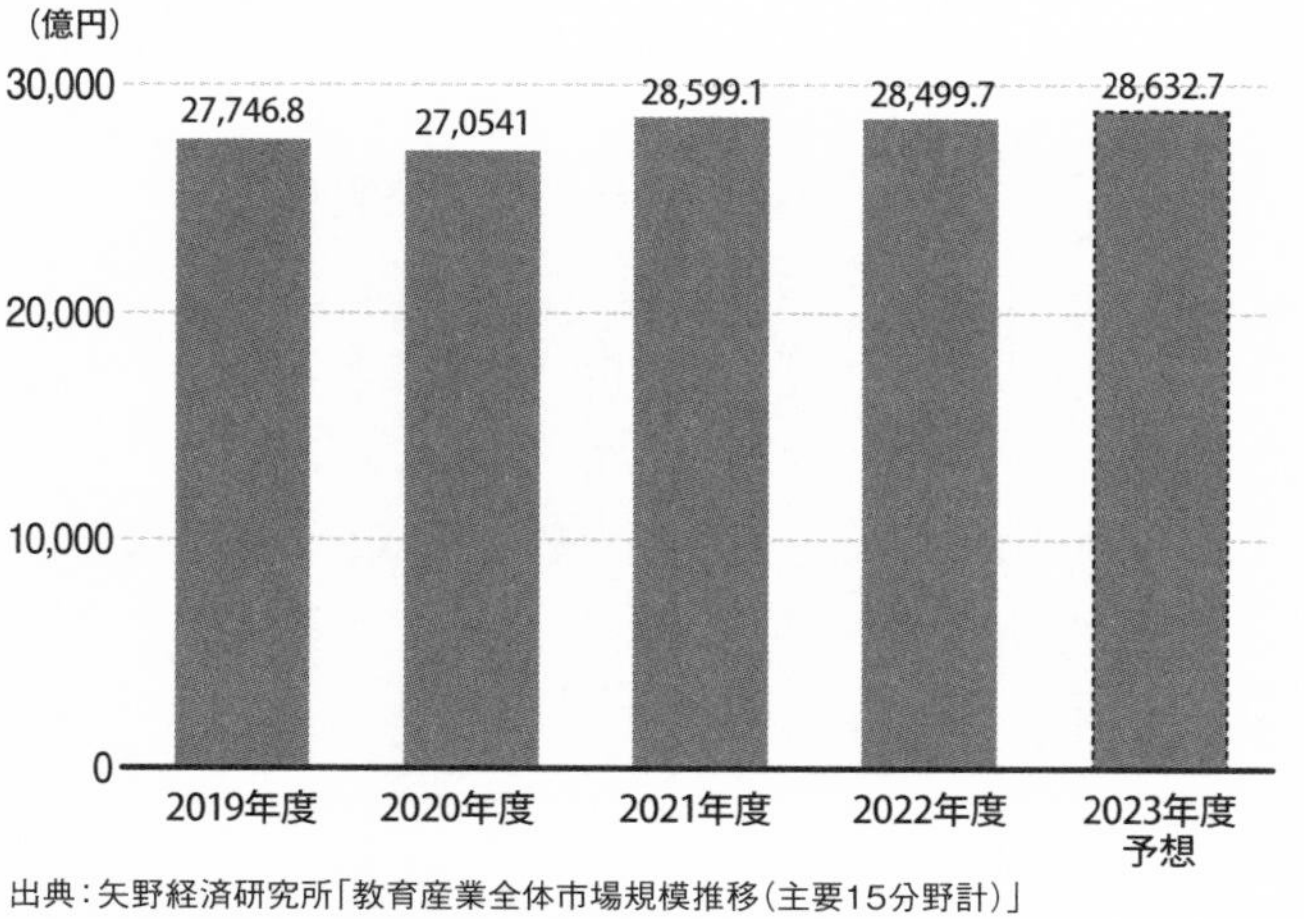

出典：矢野経済研究所「教育産業全体市場規模推移（主要15分野計）」
https://www.yano.co.jp/press-release/show/press_id/3098

人の子供に掛けられる教育費は増えています。

また、現代においては祖父母からの援助も教育費の大きな支えになっています。ソニー生命が発表した「子どもの教育資金に関する調査2023」によると、教育資金として子供の祖父母からこれまでに受けた資金援助の平均は104万円となっています。経年調査ではないため、過去との比較はできませんが、過去と比べると増加傾向にあると考えられます。これまで人口ピラミッドの形が正常な三角形だった時代には若年層比率が高く、自分世代、子供世代でそれぞれ2人の子供が生まれれば、祖父母になった際に4人の孫がいました。しかし、少子化が進み各世代で一人の子供しか生まれなければ、祖父母になった際に1人の孫しかいません。

子供1人に対して、両親・両祖父母の合計

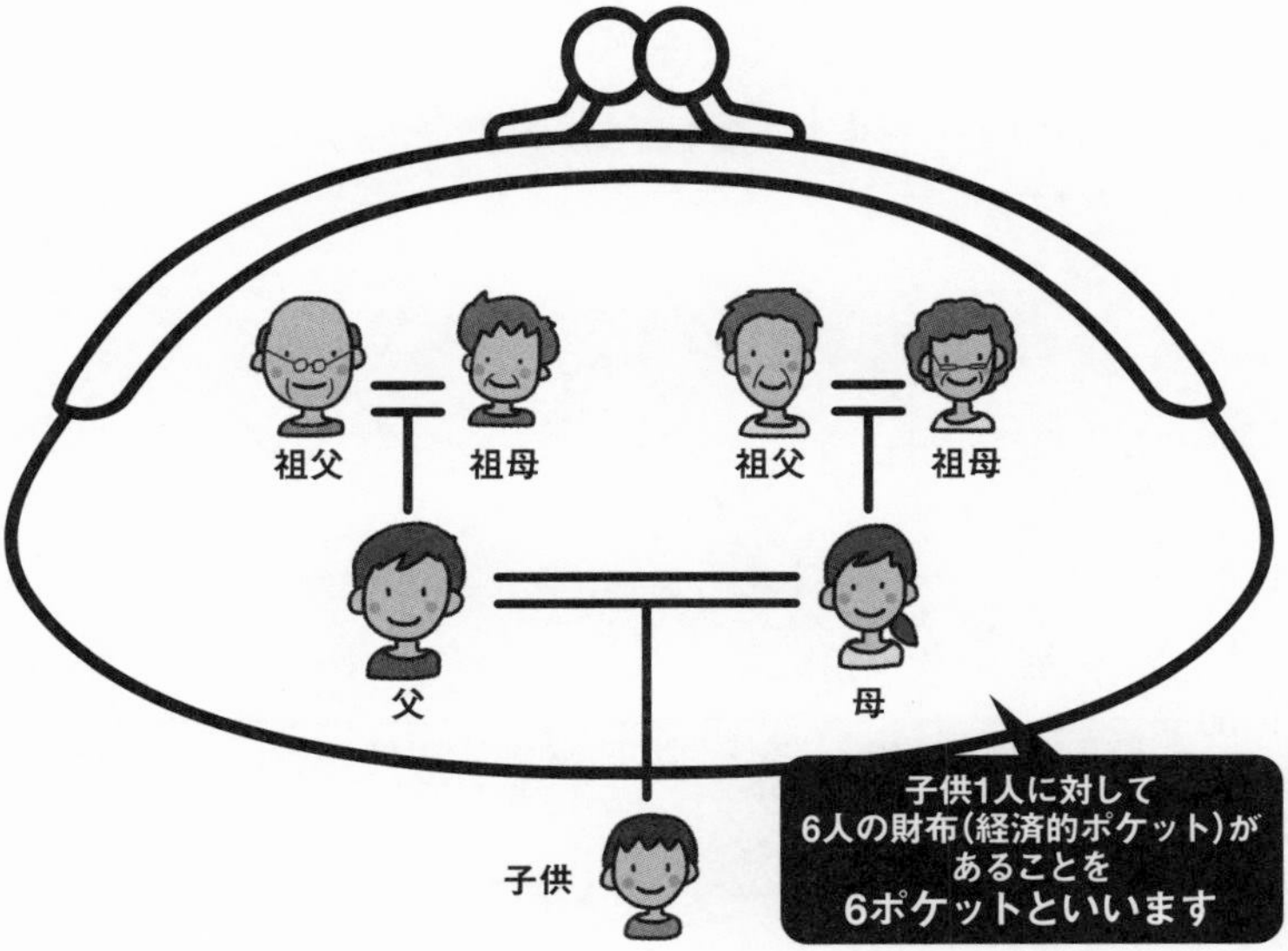

6人の財布（経済的なポケット）があることを6（シックス）ポケットと言いますが、教育資金についてもこの影響は大きいと思います。

前述の「子どもの教育資金に関する調査2023」によると、学校以外での平均教育費は増加傾向が続いており、**小学生から社会人になるまでに必要な教育資金の平均予想金額は1436万円と、調査開始以来最高額**になったようです。

我が家でも昨年長女の中学受験を経験し、塾の費用を知って愕然としました。可愛いわが子のためであれば、やむを得ない支出だと思いながらも教育費負担が少子化に影響していることを実感しました。

●子供が小学生から社会人になるまでに必要だと思う教育資金の平均

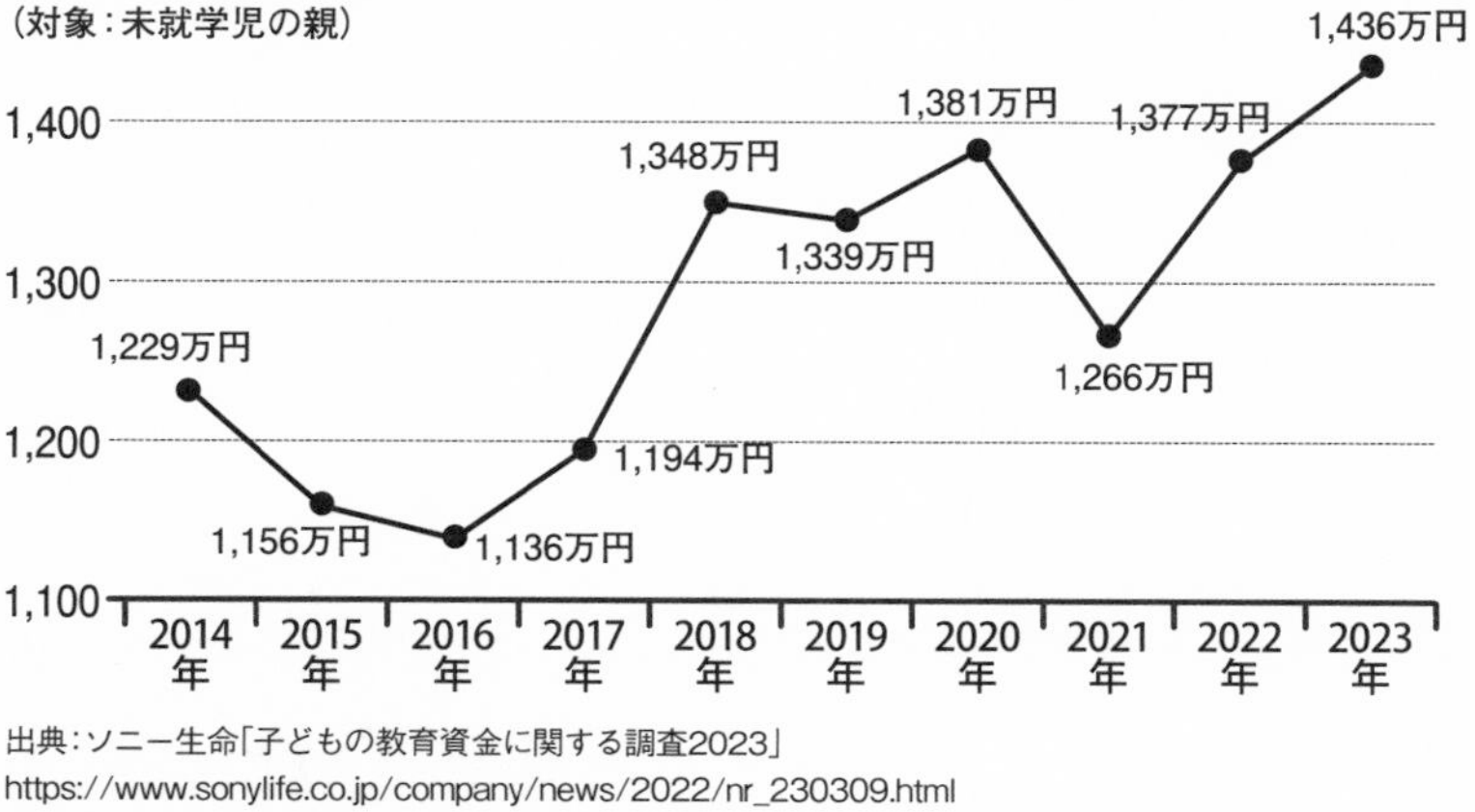

出典：ソニー生命「子どもの教育資金に関する調査2023」
https://www.sonylife.co.jp/company/news/2022/nr_230309.html

なぜ年越し派遣村が話題にならなくなったのか？

最近は景気が悪くても「年越し派遣村」の話題が出ないのは仕事があるから

「年越し派遣村」という言葉を覚えていますでしょうか？　リーマン・ショックの影響でいわゆる〝派遣切り〟にあった人達のために2008年の年末から2009年の年始にかけて日比谷公園に開設された一種の避難所です。当時は企業の業績が急激に悪化し、失業者が増加しました。しかしここ数年、イギリスのEU離脱（ブレグジット）、米中貿易摩擦、そしてコロナ禍などの影響で景気が決して良い状態ではない時期もありましたが、かつてのように「年越し派遣村」の話題を耳にすることはありません。別に日本でボランティア活動が停滞しているとか、人に構う余裕がなく世知辛《せちがら》い世の中になったというわけではありません。

実は現在は仕事がたくさんあり、当時と比べてとても仕事を見つけやすくなっているからです。

有効求人倍率1・2倍とは仕事したい人100人に対して120人分の仕事があるということ

仕事の見つけやすさを知る際に参考になるのが有効求人倍率という指標です。有効求人倍率とは、求人の数を仕事を探している人の数で割ったものです。

$$\text{有効求人倍率} = \frac{\text{求人の数（有効求人数）}}{\text{仕事を探している人の数（有効求職者数）}}$$

分かりやすくいうと仕事を探している人が100人いて、仕事が120人分あれば120÷100＝1・2というように求められます。1倍を超えれば仕事の数の方が多いのでミスマッチが無ければ全員が仕事を見つけられます。逆に1倍を切ると仕事を探している人の方が多いので仕事に就けない人が出てきます。

左記に過去の大きな経済イベントのタイミングでの年ごとの有効求人倍率の図を掲載しました。

高度成長期やバブル期など、景気の良い時期は企業としても仕事が忙しく採用（求人）を増やしますのでその結果、有効求人倍率が上がります。

それでは年越し派遣村が話題になった**リーマン・ショックの時期はどうか**

というと、2009年の平均で0・47倍という低水準です。仕事をしたい人が100人いても47人分の仕事しかないので仕事に就けない人が多く、年を越せずに日比谷公園に避難することになったわけですね。

それでは年越し派遣村の話が出なくなった昨今はどうかというと、アベノミクス以降、有

●有効求人倍率（パートタイムを含む一般）・暦年平均

		年平均	経済イベント
1968年	昭和43年	1.12	高度成長期
1969年	昭和44年	1.30	
1970年	昭和45年	1.41	
1971年	昭和46年	1.12	
1972年	昭和47年	1.16	
1973年	昭和48年	1.76	
1975年	昭和50年	0.61	第一次・第二次オイルショック
1976年	昭和51年	0.64	
1977年	昭和52年	0.56	
1978年	昭和53年	0.56	
1979年	昭和54年	0.71	
1980年	昭和55年	0.75	
1981年	昭和56年	0.68	
1982年	昭和57年	0.61	
1989年	平成元年	1.25	バブル期
1990年	平成2年	1.40	
1991年	平成3年	1.40	
1997年	平成9年	0.72	金融危機
1998年	平成10年	0.53	
1999年	平成11年	0.48	
2004年	平成16年	0.83	戦後最長の景気拡大期（いざなみ景気）
2005年	平成17年	0.95	
2006年	平成18年	1.06	
2007年	平成19年	1.04	
2008年	平成20年	0.88	リーマン・ショック
2009年	平成21年	0.47	
2010年	平成22年	0.52	
2011年	平成23年	0.65	
2013年	平成25年	0.93	アベノミクス
2014年	平成26年	1.09	
2015年	平成27年	1.20	
2016年	平成28年	1.36	
2017年	平成29年	1.50	
2018年	平成30年	1.61	
2019年	令和元年	1.60	
2020年	令和2年	1.18	コロナ感染拡大
2021年	令和3年	1.13	
2022年	令和4年	1.28	

2008年の年末から2009年の年始に「年越し派遣村」が開設

有効求人倍率が9年連続1以上

高度成長期に迫る勢い

※厚生労働省「一般職業紹介状況(職業安定業務統計)」を基に作成
https://www.mhlw.go.jp/toukei/list/114-1.html
※昭和48年から沖縄県を含む

効求人倍率は急回復しており、**コロナ前の高い時期（2018年）では1・61倍とバブル期ピーク（1990・1991年）（1・40倍）を大きく超え、高度成長期ピーク（1973年）（1・76倍）に迫る勢い**でした。コロナの感染拡大で若干悪化したものの、その後は回復し2023年9月では1・29倍（季節調整値）まで改善しています。コロナ禍で飲食業・観光業など業績が急激に悪化した業種もありましたが、日本全体で見ればコロナ禍であってもそれなりに仕事はあったことが数字から読み取れます。年間の企業倒産件数もコロナ禍においてはリーマン・ショック時の半分程度です。コロナ禍は社会に与える影響は甚大でしたが、経済に与える影響はリーマン・ショックほど大きくなかったと言えるでしょう。

35歳転職限界説はもはや死語

ちなみに有効求人倍率が連続で1倍を超えている期間を見ると高度成長期が8年連続、バブル期が5年連続に対してアベノミクス以降が現時点で9年連続（2014～2022年）となっており、**現在が空前の人手不足時代**になっていることが分かります。35歳転職限界説はもはや死語でそれなりのスキルがあれば40代になっても転職する先はたくさんあります。労働者にとってみれば仕事を選べる時代になってきています。しかし一方で雇用する企業側にとってみると人手不足が死活問題となっており、成長のための大きな制約となっています。

ブラック企業の話題もかつてと比べてだいぶ聞かなくなりました。現在のようなＳＮＳ社会でそんな噂が流れたら人が集まらなくなり存続が危ぶまれます。人口構造的に今後労働力が増えることはないので、社会の発展のために自動化などの省力化が求められます。

なぜ日本の農家は儲からないのか？

稲作農家の所得は年間1万円!?

私の実家がある宮城県大崎市は農業が盛んな地域です。〝ひとめぼれ〟や〝ササニシキ〟が生まれた地域でもあり、農業に従事している人も多いです。しかし、周囲の農家に聞くと**農業は全く儲からないので離農を検討しているという声が多い**です。

実際に農家は儲からないのでしょうか？農林水産省が発表した「令和3年　農業経営体の経営収支」の資料を見てみると、全農業経営体の収支は下記のようになっています。

●全農業経営体の農業経営収支（全営農類型平均・全国・1経営体当たり）

区分	令和2年	令和３年	対前年増減率
農業粗収益	999.2万円	1076.9万円	8.5%
うち作物収入	539.8万円	553.2万円	2.5%
畜産収入	331.8万円	374.4万円	12.8%
共済・補助金等受取金	94.4万円	119.8万円	26.9%
農業経営費	868.6万円	951.5万円	9.5%
うち雇人費	91.8万円	99.9万円	8.8%
肥料費	44.8万円	47.5万円	6.0%
飼料費	132.7万円	159.6万円	20.3%
動力光熱費	49.1万円	55.5万円	13.0%
農業所得	123.6万円	125.4万円	1.5%
経営耕地面積	353.5a	366.9a	3.8%

出典：「令和3年 農業経営体の経営収支」（農林水産省）
https://www.maff.go.jp/j/tokei/kekka_gaiyou/noukei/einou/r3/einou_syusi/index.html

収益から経費を差し引いた所得は約125万円と確かに少ないですね。この中で米作りをしている水田作経営の収支は下記のようになっています。

なんと、**農業所得が1万円とほとんど利益が出ていません。**2020年農林業センサスによると農家全体の55・5%が稲作中心の農家となっており、農業が儲からないと言われるのも納得ですね。

このような状況もあり、農家は平成22年から令和2年にかけての10年間で167・9万軒から107・6万軒と約36%も減少しています。

●水田作経営の農業経営収支（全農業経営体・全国・1経営体当たり）

区分	令和2年	令和３年	対前年増減率
農業粗収益	345.0万円	350.3万円	1.5%
うち作物収入	256.1万円	239.6万円	△6.4%
畜産収入	0.9万円	0.8万円	△11.1%
共済・補助金等受取金	62.2万円	81.8万円	31.5%
農業経営費	327.1万円	349.3万円	6.8%
うち肥料費	29.2万円	31.8万円	8.9%
動力光熱費	19.6万円	22.7万円	15.8%
修繕費	27.7万円	30.6万円	10.5%
地代・賃借料	37.4万円	40.8万円	9.1%
農業所得	17.9万円	1.0万円	△94.4%
水田作の作付延べ面積	241.3a	252.8a	4.8%

出典：「令和3年 農業経営体の経営収支」（農林水産省）
https://www.maff.go.jp/j/tokei/kekka_gaiyou/noukei/einou/r3/einou_syusi/index.html

●農作物販売金額1位の部門別農業経営体数の構成割合（全国）

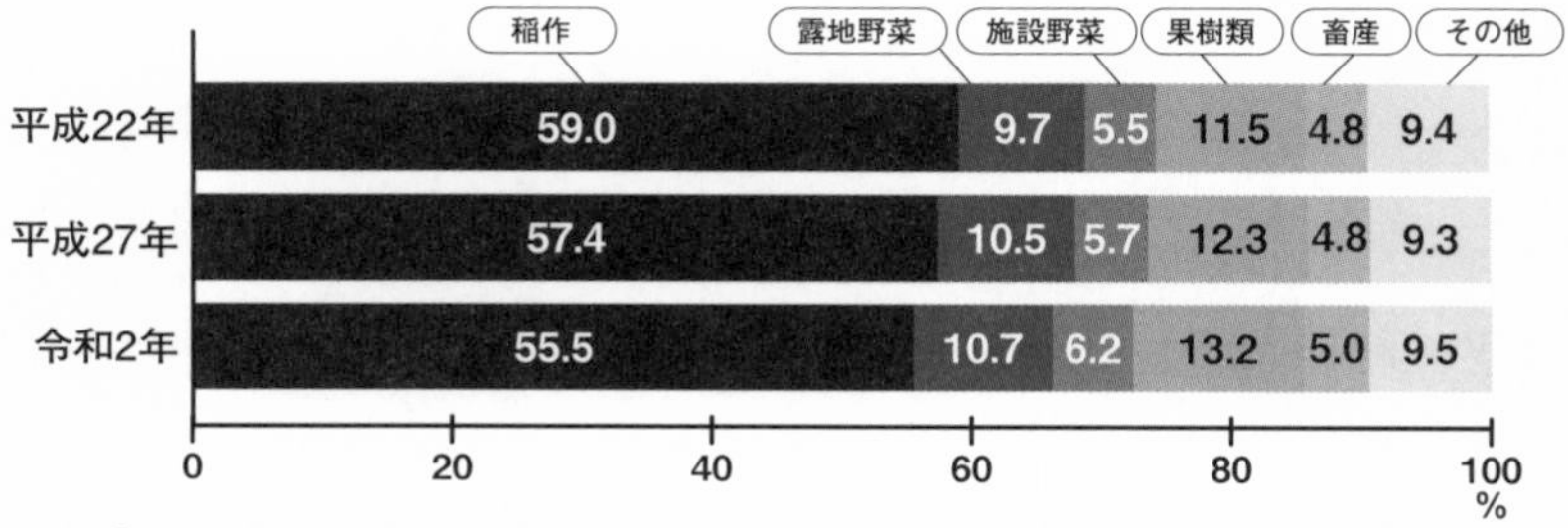

出典：「2020年農林業センサス結果の概要（確定値）（令和2年2月1日現在）」（農林水産省）を基に作成
https://www.maff.go.jp/j/tokei/kekka_gaiyou/noucen/2020/index.html

●農業経営体数（全国）

区分	農業経営体
平成22年	1,679
平成27年	1,377
令和2年	1,076

（単位：千経営体）

10年で36%減

※「2020年農林業センサス結果の概要（確定値）（令和2年2月1日現在）」（農林水産省）を基に作成

●主副業別農業経営体数（個人経営体）（全国）

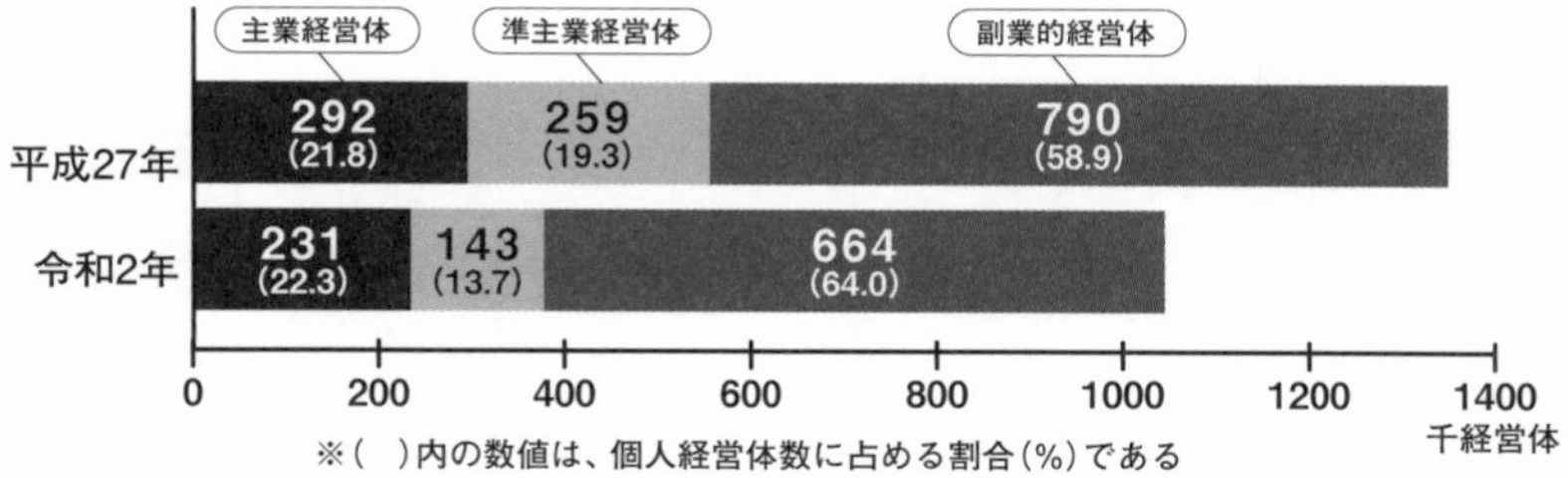

※（　）内の数値は、個人経営体数に占める割合（%）である

※「2020年農林業センサス結果の概要（確定値）（令和2年2月1日現在）」（農林水産省）を基に作成

高級外車並みの価格である農業機械の稼働は年に数日しかない

瑞《みず》穂《ほ》の国と言われた日本の農業が一体なぜこれほどまでに儲からないのでしょうか？

理由は小規模農家が多いからです。

右の図表のように農業経営体の６割以上が副業的経営体、つまり兼業となっています。

兼業が多いということは、それだけ**耕地面積が少ない農家が多い**ということです。第95次農林水産省統計表（農林水産省）のデータを基に耕地面積別の比率を出し、累積比率を出したものが下記のグラフになります。

３ha未満の農家で全体の84％を占めており、いか

●経営耕地面積別・累積比率

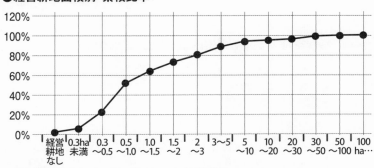

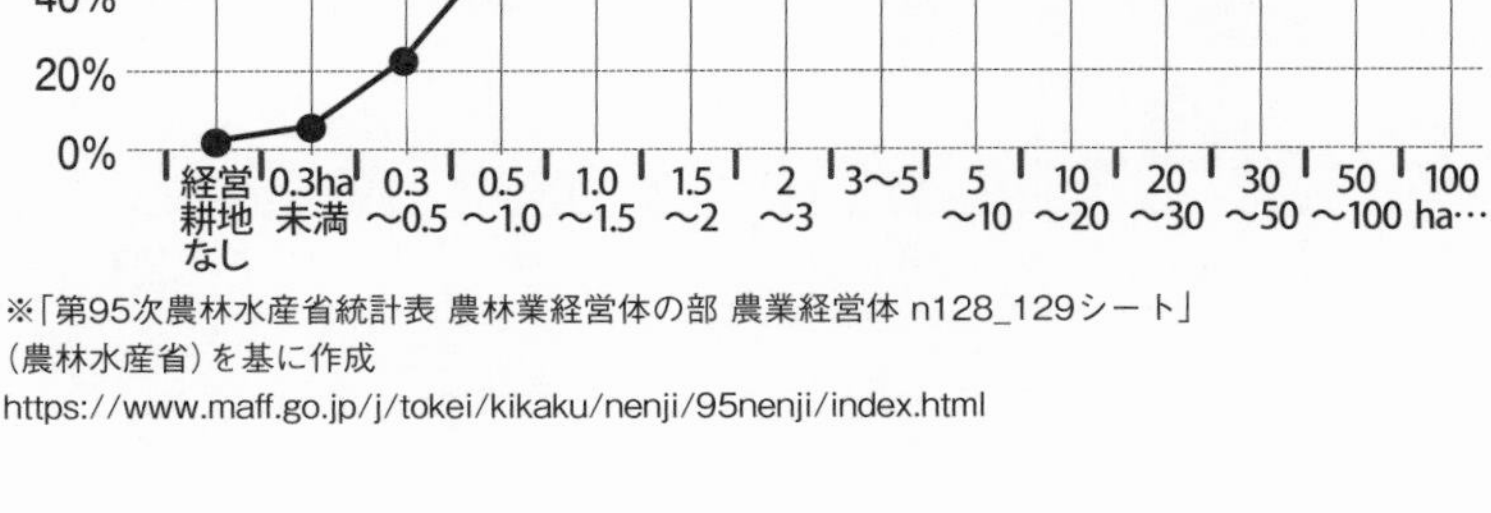

※「第95次農林水産省統計表 農林業経営体の部 農業経営体 n128_129シート」（農林水産省）を基に作成
https://www.maff.go.jp/j/tokei/kikaku/nenji/95nenji/index.html

に小規模農家が多いかがうかがえます。

規模が小さいと様々な部分で非効率になります。

特に周囲の農家を見ていて**非効率だと感じるのが農業機械**です。農業機械の普及は稲作の効率化を劇的に進め、現代農業に無くてはならない存在です。しかし**トラクターとコンバインを揃えるだけでも1000万円程度という高級外車並みのお金が必要**です。それだけの投資をしても兼業農家が使用するのは年間数日で、ほとんどが納屋に収納されています。

共同で保有したりレンタルしたりという考えもあるかもしれませんが、必要な時期はどの農家も一緒で、兼業農家の場合、週末に作業をすることが多いため意外と融通が利かないという現実があります。更に農家は一国一城の主という感覚が強いために他の農家に配慮しながら使うという面倒くささを考えると、自分で購入しようと考える人が多

●年齢別基幹的農業従事者数（個人経営体）の構成（全国）

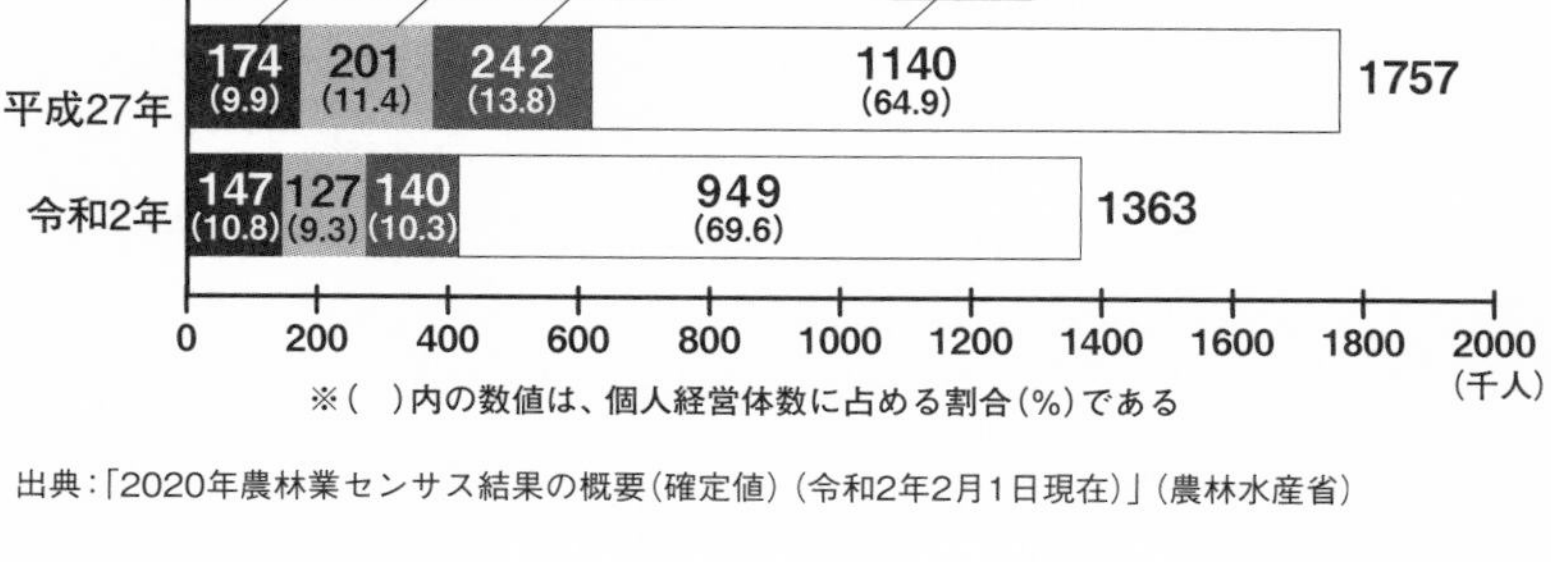

※（　）内の数値は、個人経営体数に占める割合（%）である

出典：「2020年農林業センサス結果の概要（確定値）（令和2年2月1日現在）」（農林水産省）

いのです。

結果的に収益性が低下し、離農する人が増えていくわけですね。

そのような現状の中、若者の担い手が減っており農業従事者の約70%が65歳以上と日本の農業の将来的な不安に繋がっています。

実は大規模農家は増加傾向

そのようなネガティブな部分が多い日本農業において明るい話題もあります。実は5年前と比べて小規模農家が減る一方で**北海道では１００ha以上、都府県（北海道以外）では10ha以上の農家は増加傾向にあります。**

●経営耕地面積規模別農業経営体数の増減率〈平成27年と令和2年の比較〉

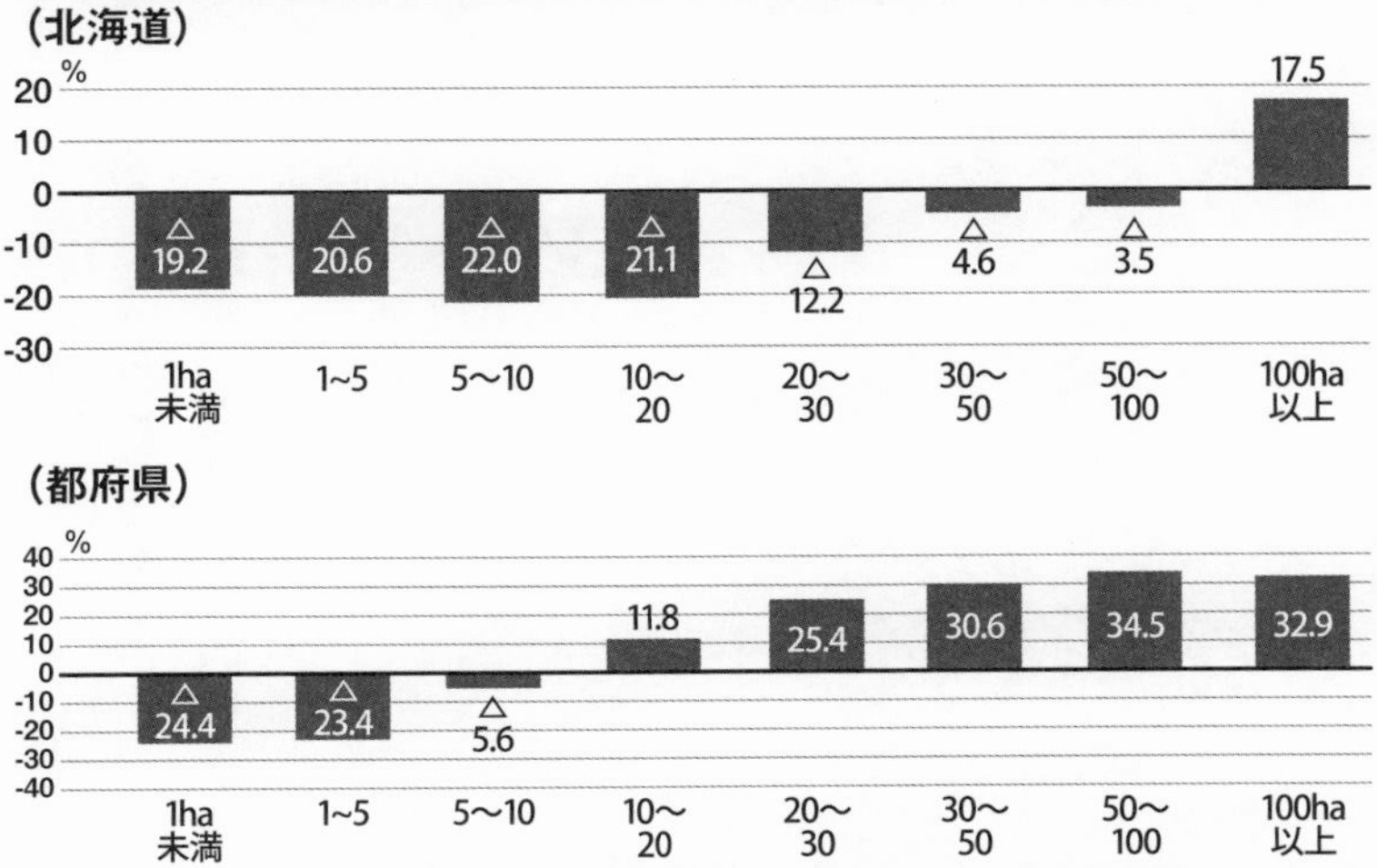

出典：「2020年農林業センサス結果の概要（確定値）（令和2年2月1日現在）」（農林水産省）

また日本の食品の品質の高さがインバウンドを通じて世界中に知れ渡っており、2022年の農林水産物・食品の輸出は前年比14・3%増の1兆4148億円と過去最高になっています。衰退する一方のイメージがある日本の農業ですが、大規模化が進み品質的な競争力が認められてきたことはとても良いことです。経済安保の視点からも食糧自給率向上を図っていくべきだと思います。

あとがき

数字力だけでなく、コミュニケーション能力も高める方法

どんなことでもそうですが何かの予兆は多くの人が気づきます。海外で路地に入った時に、急にゴミが増えて臭いが変わった、車に乗っていて異音がする、いつも元気な人の声が小さいなど些細《ささい》なことです。その違和感を放置せずにフォーカスすることが何かに気づく上でとても大切です。

何か大きなトラブルが発生した際にも、こういう予兆は無かったかということを具体的に聞くと、そういえば気になっていたと言われることが多いです。この違和感を大切にするというのは何もトラブルに限ったことではありません。

かの有名なピーター・F・ドラッカーは『イノベーションと起業家精神』という本の中で「イノベーションの七つの機会」を提示しています。その第一の機会として、「予期せぬ成功と失敗を利用する」ことを挙げています。コンサルをしていても、なぜか売れていくもの、なぜか業績が伸長している拠点など、予想外のことが起きます。それはなぜなのか？　という

ことを深掘りし具体的に数字に落とし込んで考えることが大きな成功を挙げるきっかけになることがあります。

顧問先の卸売業の会社において、常に他の商品群よりも粗利率が高い商品群がありました。現場の営業担当に聞いても特に意識して売っているわけではないが、値下げの交渉をされることがほとんど無いというのです。その後、他の営業担当や仕入先メーカーなどにヒアリングをして分かったことが、取り扱いに一定のノウハウが必要であり、競合他社での扱いがとても減っているということです。当時は販売に対してどちらかというと消極的な姿勢でしたが、現在では新規開拓の武器として中核商品の一つに位置付けられています。

本書を読んでいただいた読者の皆さまは、すでに数字で考える能力が高まっているはずです。

自分が「んっ?」と思ったり、「ピンときた」何かがあれば、自分の直感を信じてそこにフォーカスし数字で考えてみていただければと思います。

知識を定着させる上で重要なことの一つにアウトプットすることが挙げられます。**数字に**

強くなるためには、自分が知って「へぇー」と思って、仮説を立て数字で検証したことを積極的に人に話すとより能力が高まっていきます。

このぐらいのエピソードでいいですよ、ということをお伝えするために、最近私が、クライアントとのミーティングの前、雑談の際にお話ししたことをお伝えしましょう。

最近、御朱印《ごしゅいん》集めがブームになっていますが、神社と寺院は全国に何ヶ所あるかご存じですか？　神社は約８・１万ヶ所、寺院は７・７万ヶ所あり、合わせると約16万ヶ所になります。これはコンビニ（約５・７万店舗）の約２・８倍、マクドナルド（約３０００店舗）の約50倍、吉野家（約１２００店舗）の約１３０倍にあたります。私は出張先で早朝にウォーキングをしていても神社と寺院は本当にたくさんあり、相当多いことが分かります。

また最近、外国人旅行者に粉物（お好み焼き・たこ焼き）が人気だそうですが、皆さんの中でお好み焼きといえばどの地域をイメージしますか？　多くの方が大阪をイメージされるかもしれません。食べログで検索すると、「大阪市　お好み焼き」が１２６７軒に対して「広島市　お好み焼き」が８７４軒掲載されています（２０２３年11月６日時点）。これだけ見るとやはりお好み焼きの本場は大阪かと思うかもしれませんが、人口一人当たりで計算すると下記のようになります。

広島はＯＬがランチにお好み焼きを食べる機会も多いそうですが、この数字からも広島のお好み焼き愛を感じることができますね。

こんなちょっとした面白いネタを人に話すことでその数字が自分の頭の中に残り、ストックされていきます。

是非積極的にアウトプットしていただければと思います。

このアウトプットする習慣は、数字に強くなるだけでなく、ビジネスパーソンにとって大切な能力である**「コミュニケーション能力」を高める**ことにも役に立ちます。

「優れたビジネスパーソンが商談の際に話すことの9割は雑談である」ということをお聞きになった方もいらっしゃるかと思いますが、ただの雑談というよりは、話し相手にとっても「気づき」

●大阪市と広島市のお好み焼き屋さん

年代	お好み焼き屋軒数	人口	一人当たりの軒数
大阪市	1267軒	269万1000人	2123人に1軒
広島市	874軒	119万4000人	1366人に1軒

となるような雑談をすることで、あなたの評価もきっと高まり、もっと話を聞いてみようということにもなるでしょう。

筆者としては、「予測困難な世の中だからこそ、合理的に具体的に先を見越して数字で考えることが求められる」ということを伝えたくて本書を執筆いたしました。

読者が本書の内容をきっかけにして、数字に強くなり、仕事でもプライベートでも「成功を収める」ことを祈っています。

最後になりましたが、本書作成にあたり、コンサルタントの仕事だけでなく人としての生き方を教えてくださっている小宮コンサルタンツ代表・小宮一慶さん。いつも仕事を通じて様々なことを学ばせていただいている顧問先の皆さま。本書の企画・編集を担当していただいたダイヤモンド社の土江英明さん、導いてくださったブックオリティの高橋朋弘さん、平城好誠さん。そして出張ばかりで寂しい思いをさせてしまっている子供たち、仕事に集中できる環境を支えてくれている妻にこの場を借りて感謝を述べたいと思います。

・ゆうちょ銀行「ゆうちょ銀行の強み」
https://www.jp-bank.japanpost.jp/ir/investor/ir_inv_strengths.html
・ゆうちょ銀行（2021年4月26日）「新規業務開始に関するお知らせ」
https://www.nikkei.com/markets/ir/irftp/data/tdnr/tdnetg3/20210426_archive/cvfs7l/140120210423498609.pdf
・全国銀行協会（2020年12月23日）「ゆうちょ銀行の新規業務等にかかる認可申請について」
https://www.zenginkyo.or.jp/news/2020/n122301/
・日経クロストレンド（2023年1月26日）「コロナ禍3年、伸びた店vs沈んだ店ランキング 主要外食・小売り70店」 https://xtrend.nikkei.com/atcl/contents/casestudy/00012/01111/
・東洋経済オンライン（2023年2月22日）「ロッテリアは売却『バーガー業界』閉店相次ぐ理由」
https://toyokeizai.net/articles/-/654513?page=3
・日本経済新聞（2023年10月6日）「ゼンショー海外1万店　外食日本勢初、M&Aで拡大」
https://www.nikkei.com/article/DGXZQOUC064JB0W3A900C2000000/
・信州大学経営大学院教授茂木信太郎「牛丼チェーンのメニュー戦略―アメリカ産牛肉の輸入停止と再開―（平成18年度畜産物需給関係学術研究収集推進事業）」
https://lin.alic.go.jp/alic/month/dome/2007/aug/chousa2.htm

第6章　なぜコンビニでお金をおろさない人はお金持ちになれないのか？

・セブン銀行「手数料・利用時間」 https://www.sevenbank.co.jp/personal/atm/bank.html
・日本経済新聞(2022年9月15日）「パタゴニア創業者、全株を環境NPOに寄付　4300億円」
https://www.nikkei.com/article/DGXZQOGN151CE0V10C22A9000000/
・Forbes JAPAN（2023年6月27日）「ウォーレン・バフェットの累計寄付額が515億ドルに到達」
https://forbesjapan.com/articles/detail/64145
・日本経済新聞(2022年11月15日）「Amazonのベゾス会長、私財17兆円の大半を寄付へ」
https://www.nikkei.com/article/DGXZQOGN1505I0V11C22A1000000/
・くるまのニュース（2021年6月21日）「クルマのナンバーに『欠番』があった？ 3つの数字と5つの文字が使えない理由とは」 https://kuruma-news.jp/post/391599

第7章　なぜ少子化なのに塾が増えているのか？

・日本農業新聞（2017年10月13日）「[2017衆院選] 選挙に行かぬ 日本の若者 投票率32.6% ＯＥＣＤ最下位」 https://news.livedoor.com/article/detail/13741189/
・BUSINESS INSIDER JAPAN（2020年10月27日）「こんな場所で？ アメリカ人が投票してきた、最もユニークな投票所 17」 https://www.businessinsider.jp/post-222656
・日本・エストニア／ＥＵデジタルソサエティ推進協議会（2023年4月26日）「2023年のエストニア国政選挙におけるインターネット投票について」 https://www.jeeadis.jp/pressrelease/2023
・帝国データバンク「倒産集計一覧」 https://www.tdb.co.jp/tosan/syukei/
・JETRO（2023年2月3日）「2022年の農林水産物・食品輸出額は1.4兆円に拡大」
https://www.jetro.go.jp/biznews/2023/02/b05bdce7b68f0171.html

・TIMES UNION（2021年7月7日）「Mechanicville hydro plant gets new life」
https://www.timesunion.com/news/article/Mechanicville-hydro-plant-gets-new-life-16299115.php
・Sustainable Japan（2019年4月30日）「【日本】コンビニ大手3社やポプラ、人手不足対策『行動計画』発表。加盟店負担削減や外国人採用補助等」
https://sustainablejapan.jp/2019/04/30/convenience-store-action-plan/39293
・大阪府警察「防犯対策情報コーナー」
https://www.police.pref.osaka.lg.jp/seikatsu/bohan/5/4074.html
・PRESIDENT Online（2021年3月28日）「『罰金はわずか数百円』それでも中国人が信号を守るようになった怖い理由」 https://president.jp/articles/-/44536?page=1
・朝日新聞デジタル（2023年3月23日）「暴力団勢力、人数減と高齢化が顕著に 50代以上が半数超」
https://www.asahi.com/articles/ASR3R2V26R3PUTIL00Y.html
・経済産業省九州経済産業局「サービス産業における施策活用事例(事業再構築補助金)のご紹介」
https://www.kyushu.meti.go.jp/seisaku/ryutsu/service_industry/sesaku_saikouchiku.html
・ネスレHP（2012年10月7日）「霞ヶ浦工場（茨城県）に『ネスカフェ ボトルコーヒー』新ライン導入」
https://www.nestle.co.jp/media/newsandfeatures/newsandfeatures11
・ダイドーHP「"缶コーヒーができるまで"」 https://www.dydo.co.jp/quality_health/special/
・大日本印刷HP（2015年12月9日）「ペットボトル用の無菌充填システムで水使用量を約9割削減」
https://www.dnp.co.jp/news/detail/1188098_1587.html
・スチール缶リサイクル協会「スチール缶の歴史 食品・飲料容器として果たしてきた役割を探る」
https://steelcan.jp/sca/v24_2/
・木本技術士事務所（2021年9月27日）「コーヒー飲料の製造に必要な基礎知識」
https://www.kimoto-proeng.com/report/1850

第5章　なぜつけ麺は大盛無料でも儲かるのか？

・YouTube「Visit the Bank that Transacts in Cheese」
https://www.youtube.com/watch?v=XzBPdU_iVcI
・東京デーリー「イタリアチーズの王様『パルミジャーノ・レッジャーノ』の基礎知識と美味しい食べ方」
https://www.tokyodairy.co.jp/magazine/parmigianoreggiano.html
・ティップネス「店舗開発」 https://www.tipness.co.jp/co/store_development/
・Fast Fitness Japan「物件紹介のお問い合わせ」
https://fastfitnessjapan.jp/property-inquiry/
・ダイヤモンドオンライン（2023年7月14日）「RIZAPのコンビニジム『ちょこざっぷ』のロッカーにカギがない納得の理由」 https://diamond.jp/articles/-/326090?page=4
・井村屋グループ「2021井村屋グループCSR報告書」
https://www.imuraya-group.com/common_files/media/2022/04/2021report.pdf
・日本経済新聞（2022年12月19日）「スポーツ中継、ネットが主役　W杯日本戦4000万人視聴」
https://www.nikkei.com/article/DGXZQOUC193IX0Z11C22A2000000/
・国税庁「ビール・発泡酒に関するもの」
https://www.nta.go.jp/about/organization/tokyo/sake/abc/abc-beer.htm
・日本洋酒酒造組合「ウイスキーにおけるジャパニーズウイスキーの表示に関する基準」
https://www.yoshu.or.jp/pages/121/
・厚生労働省（2016年7月15日）「医療機器の配置及び安全管理の状況等について」
https://www.mhlw.go.jp/file/05-Shingikai-10801000-Iseikyoku-Soumuka/0000130336.pdf
・厚生労働省「医師、歯科医師以外の者を理事長とする認可」
https://www.mhlw.go.jp/topics/bukyoku/isei/igyou/igyoukeiei/tetuduki/rijityouyouken.html

第3章　なぜ圧倒的な実力を持つ競走馬は勝てるレースがあっても、若くして引退させるのか？

・馬市ドットコム　https://umaichi.com/
・社台スタリオンステーション　https://shadai-ss.com/
・netkeiba（2023年10月19日）「日本馬の歴代獲得賞金ランキングTOP10 1位はアーモンドアイ イクイノックスが歴代7位に浮上」
https://dir.netkeiba.com/keibamatome/detail.html?no=1539
・競馬ブック「日本の種付料情報」 https://p.keibabook.co.jp/db/tanetuke
・THE ANSWER（2019年2月13日）「メイウェザー、天心戦報酬は11億円で『ボーナスゲット』…90億円マッチのオファーも」 https://the-ans.jp/news/51617/
・THE PAGE「天心vs武尊のPPV売り上げが約27億円…格闘技ビジネスに新時代到来か？」
https://news.yahoo.co.jp/articles/7453820402456736c8fc95ecc430cb9e1e2d6b74
・朝日新聞デジタル（2022年4月8日）「村田VSゴロフキンの『20億円マッチ』　その原資は？ 成立の背景」
https://www.asahi.com/articles/ASQ485R34Q48UTQP018.html
・時事ドットコム「ファイトマネー300億円超、損害賠償も…」
https://www.jiji.com/jc/v4?id=howmuch0005
・東洋経済オンライン（2023年4月12日）「『ありえない扱い』ボクシング選手を挫く時代錯誤ファイトマネーは手売り用チケット約6万円分」 https://toyokeizai.net/articles/-/664630
・ITmediaビジネス「亀田興毅が“再興”するボクシングビジネス　『選手のファイトマネーを倍にする』
https://www.itmedia.co.jp/business/articles/2208/13/news034_2.html
・SAPIA「人々を魅力するプロレスラー。その年収は？」
https://spaia.jp/column/professional_wrestling/2881
・アナハイム/共同（2023年3月28日）「大谷、総収入85億円でトップ 米大リーグ選手、経済誌が試算
https://nordot.app/1013278511372615680
・REALSPORTS(2023年4月19日）「1万人集客、スター獲得、1000万円プレーヤー誕生。WEリーグ初代王者に見る女子プロスポーツクラブの可能性」
https://real-sports.jp/page/articles/778426433381860410/
・WEB CARTOP（2022年12月21日）「1年間で『100億円』単位もザラ！ モータースポーツに莫大なお金がかかるワケ」 https://www.webcartop.jp/2022/12/1018059/
・ビジネス＋IT（2022年12月16日）「『リポD』が人生変えた、レッドブル創業者が“色々ゆっくり”でも大成功できたワケ」 https://www.sbbit.jp/article/cont1/99322

第4章　なぜビットコインが高騰すると地球温暖化が加速するのか？

・飲食店ドットコム（2016年2月2日）「飲食店の開業資金をおさらい。居酒屋、カフェ、ラーメン店はいくらで出店できる？」 https://www.inshokuten.com/foodist/article/1636/
・からあげフランチャイズ「高田屋では、からあげ屋をやりたい方！ イベントで大分のからあげを販売したい方を募集しております。！！」 https://karaage.ne.jp/franchise/brand/15/
・huriuri（2023年1月30日）「おすすめの韓国チキンのフランチャイズを紹介！日本でもファン続出!?」
https://huriuri.com/news/70045
・ニッセイ基礎研究所（2020年12月10日）「韓国の新型コロナウイルスの勝者は『フライドチキン専門店』？ー日本のコンビニ店舗数を上回る韓国のフライドチキン専門店ー」
https://www.nli-research.co.jp/report/detail/id=66310?site=nli
・日本経済新聞（2018年1月27日）「コインチェックの仮想通貨不正流出、過去最大580億円」
https://www.nikkei.com/article/DGXMZO26231090X20C18A1MM8000/
・日本経済新聞（2021年5月13日）「テスラ、ビットコイン決済を停止　『環境負荷を懸念』」
https://www.nikkei.com/article/DGXZQOGN130GH0T10C21A5000000/

【参考文献】

第1章　なぜ駅前の古びた靴屋さんはお客さんが来ないのに営業を続けられるのか?

・セブン＆アイ・ホールディングスHP「セブン＆アイの挑戦　セブンカフェをリニューアル　香り・コク・風味をいっそう高めたコラボレーションの技。」
https://www.7andi.com/company/challenge/3062/2.html
・Business Journal （2023年8月13日）「セブン、日販がファミマを14万円も上回る理由…FC大量離脱→売上激減リスク浮上」 https://biz-journal.jp/2023/08/post_358268.html
・相続税申告相談プラザ（ランドマーク税理士法人）「店舗併用住宅における小規模宅地の特例」
https://www.zeirisi.co.jp/syoukibotakuchi/tenpoheiyoujyuutaku/
・石油連盟「製油所の所在地と原油処理能力（2022年3月末現在）」
https://www.paj.gr.jp/sites/default/files/2022-08/paj-8%E7%B2%BE%E8%A3%BD%E8%83%BD%E5%8A%9B%E4%B8%80%E8%A6%A7202204.pdf
・日本経済新聞（2022年1月8日）「ガソリン高、沖縄・山形も常連に　地域差が映す構造変化」
https://www.nikkei.com/article/DGXZQOUC2337R0T21C21A2000000/
・ハナシゴト「フラスタ価格に疑問、根拠を知るべし」
https://87shigoto.com/flower/basis_for_price/
・図研プリサイト「花屋の原価は○割!?クリスマスでなくとも花屋がつぶれないワケ［マーケティング便りvol.55］」 https://www.presight.co.jp/lp/detail/mkt055-cost-rate-of-flower.php
・朝日新聞デジタル（2023年3月3日）「フラワーロスとは？ 原因や問題点、改善の取り組み、解決方法を紹介」 https://www.asahi.com/sdgs/article/14851229
・ダイヤモンドオンライン（2012年12月20日）「青山フラワーマーケットは、なぜ市価の半額で花を売っても儲かるのか～後編～」 https://diamond.jp/articles/-/29600

第2章　なぜ新幹線の駅は片側だけ発展しているのか？

・日本経済新聞（2022年12月12日）「東京の臨海地下鉄『約5000億円』莫大な建設費の理由」鉄道の達人鉄道ジャーナリスト　梅原淳
https://www.nikkei.com/article/DGXZQOUD063GO0W2A201C2000000/
・産経新聞（2022年12月7日）「北海道新幹線延伸、建設費6450億円上振れ 12年度末開業『大変厳しい』」
https://www.sankei.com/article/20221207-EBRQZOVN2JNVDOFYY5XJAT776Y/
・読売新聞オンライン（2021年4月27日）「リニア総工費は7兆円、想定より1.5兆円膨らむ…品川・名古屋駅の難工事などで」 https://www.yomiuri.co.jp/economy/20210427-OYT1T50183/
・日本経済新聞（2023年3月23日）「JAL、『737MAX』21機導入へ 3000億円規模」
https://www.nikkei.com/article/DGXZQOUC2369C0T20C23A3000000/
・ロイター（2023年1月19日）「スカイマーク---大幅に3日ぶり反発、ボーイングに航空機6機発注、更新や成長に向け増機」 https://jp.reuters.com/article/idJP00070300_20230119_00120230119
・トライシー（2023年1月19日）「スカイマーク、ボーイング737 MAX計6機を直接発注 4機確定、2機オプション」 https://www.traicy.com/posts/20230119259655/
・レスポンス（2016年6月22日）「ボンバルディア、CRJ900型機10機の受注が確定…顧客名は非公表」
https://response.jp/article/2016/06/22/277325.html
・産経ニュース（2016年4月29日）「ＭＲＪ競合機をデルタ導入 ボンバルディアの新型」
https://www.sankei.com/photo/daily/news/160429/dly1604290007-n1.html
・朝日新聞デジタル「国産初のジェット旅客機ＭＲＪ」 https://www.asahi.com/special/air/MRJ/
・ニュースイッチ（2019年9月7日）「『三菱スペースジェット』受注商談に追い風、カギは“座席戦略”」
https://newswitch.jp/p/19150
・地球の歩き方Web（2023年4月1日）「LCCの歴史をおさらいしてから、ウェブサイトでチケットを購入する」 https://www.arukikata.co.jp/web/article/item/3001300/2/

［著者］

平野 薫（ひらの・かおる）

小宮コンサルタンツ　コンサルタントチームリーダー、エグゼクティブコンサルタント
1978年、宮城県大崎市生まれ。宇都宮大学農学部卒業後、キユーピー入社。業務用（現フードサービス）営業を担当。帝国データバンクを経て、2011年、小宮コンサルタンツ入社。伊豆商事、ワックデータサービスの社外取締役も兼務。

帝国データバンク調査員時代を含めこれまで2000社の財務分析、1000人以上のビジネスパーソンに会計セミナーを実施。苦手意識を持つ人が多い「会計」を、豊富な事例と分かりやすい言葉で教えてくれると好評を博している。国内外100以上の経済指標を5年以上毎月更新。経済指標と実体経済を照らし合わせて説明する経済解説に定評がある。現在も15社の企業の経営会議に定期的に参加して業績数字のチェックも行っている。数字の羅列の中から変数を見出し、会社の問題点や予期せぬ成功を発見し、経営のアドバイスをしている。

幼い頃から数字に対する関心が強く、大好きな生物図鑑を見る際にも気になるのは見た目や生態よりも体長、体高、体重などの数字面ばかり。祖父が経営していた牛乳販売店の毎月の集金時には、小銭を積み重ねて集金額を勘定するような子供だった。

その傾向は大人になっても変わらず、車を買いに行っても同じ車種でハイブリッド車があるとその差額と燃費差から何キロ以上走行すれば差額が回収できるか瞬間的に計算してしまう。ラーメン店でも、席数や混み具合、家賃相場から店の利益を計算。街で以前より不良が少ないと感じれば補導少年少女数の推移を確認し、話題の企業があれば決算短信で業績を確認している。家族でドライブしていても話題は売上や利益、儲けの仕組みなどになりがちで家族には少々煙たがられている。特技は初めて訪問した街の人口を街並みから推測することで、ほとんどの場合±30%以内で当てることができる。趣味は年間100泊に及ぶ出張先で早朝にウォーキングをしながら、身近な疑問を発見し数字のネタを集めること。

なぜコンビニでお金をおろさない人はお金持ちになれないのか？

2023年12月12日　第1刷発行

著　者――――平野 薫
発行所――――ダイヤモンド社
〒150-8409　東京都渋谷区神宮前6-12-17
https://www.diamond.co.jp/
電話／03･5778･7233（編集）　03･5778･7240（販売）

装丁・本文デザイン―中井辰也
イラスト――――春仲萌絵
編集協力――――ブックオリティ
校正――――――聚珍社
製作進行――――ダイヤモンド・グラフィック社
印刷――――――ベクトル印刷
製本――――――ブックアート
編集担当――――土江英明

ISBN 978-4-478-11764-4